Galería
de arte y vida
NIVEL AVANZADO

Writing Activities Workbook
and
Audio Activities

Teacher Edition

Mc Graw Hill Glencoe

New York, New York   Columbus, Ohio   Chicago, Illinois   Peoria, Illinois   Woodland Hills, California

Glencoe

The **McGraw·Hill** Companies

Send all inquiries to:
Glencoe/McGraw-Hill
8787 Orion Place
Columbus, OH 43240-4027

ISBN 0-07-860685-3 *(Writing Activities Workbook and Audio Activities, Teacher Edition)*
ISBN 0-07-860684-5 *(Writing Activities Workbook and Audio Activities, Student Edition)*

Printed in the United States of America.

3 4 5 6 7 8 9 10   009   10 09 08 07 06 05

Galería
de arte y vida
NIVEL AVANZADO

Writing Activities Workbook
and
Audio Activities

Teacher Edition

WRITING ACTIVITIES WORKBOOK
AND AUDIO ACTIVITIES

CONTENIDO

CUADRO	1	El arte	1
CUADRO	2	El humorismo	10
CUADRO	3	El heroísmo	23
CUADRO	4	El indio	31
CUADRO	5	La leyenda	46
CUADRO	6	Sentimientos y pasiones	54
CUADRO	7	Tierra y libertad	66
CUADRO	8	El último viaje	77
CUADRO	9	Caprichos del destino	91
CUADRO	10	La mujer	106
CUADRO	11	La fantasía y la imaginación	117
CUADRO	12	La inspiración y la esperanza	121
AUDIO ACTIVITIES			**127**

CUADRO
1

EL ARTE

PRIMERA LECTURA

El encuentro inesperado de una vocación artística

A fines del año 1928, un joven pintor que había nacido en el estado mexicano de Sinaloa, se encontraba en Nueva York. Había venido para vivir entre otros jóvenes artistas todos los cuales se consideraban genios desconocidos. El joven pintor pronto se había dado cuenta de que ninguno de los artistas ni decía ni mostraba nada original; sólo imitaban al estilo de Picasso u otros artistas ya establecidos y de fama internacional.

Entristecido y desilusionado, el joven pensaba sólo en dejar la ciudad y buscar éxito en otro campo.

Una noche asistió a una función de baile moderno. De la galería observó con honda emoción la actuación de los bailarines, decidió cambiar de vocación y buscar su futuro bailando.

Ese joven era José Limón, aclamado por el mundo como uno de los mejores bailarines de la época.

Comprensión

Contesta en frases completas las siguientes preguntas.

1. ¿Dónde nació José Limón?

   José Limón nació en el estado mexicano de Sinaloa.

2. ¿Por qué había venido a Nueva York?

   Él había venido a Nueva York para vivir entre otros jóvenes artistas.

3. ¿Por qué estaba desilusionado el joven artista?

   Estaba desilusionado porque ningún artista decía ni mostraba nada original.

4. ¿Qué actuación lo influyó profundamente?

   Una función de baile moderno lo influyó profundamente.

5. Cuando decidió cambiar de vocación, ¿qué carrera escogió?

   Él escogió la carrera de bailarín cuando decidió cambiar de vocación.

SEGUNDA LECTURA

El "Guernica" de Pablo Picasso

En la primavera de 1937, Pablo Picasso, el conocido pintor de Málaga, España, residía entonces en París. Fue comisionado por el Gobierno Español en exilio a pintar un mural para su pabellón en la Feria Mundial en París. La comisión requería que Picasso expresara en una obra el sentido del drama de su patria violada por los fascistas.

Picasso vivía en una época que le permitía la libertad de expresión artística y no demandaba conocimientos generales de España, su historia, su paisaje, su gente, su revelación en la literatura y en la pintura.

Su esfuerzo artístico resultó en la producción de "Guernica", representando el trágico bombardeo y la destrucción total de dicho pueblo por los aeroplanos de Hítler.

Los colores son monocromáticos, de blanco a negro. El drama es actuado por mujeres y por sus acciones de gritar, empujar, correr y caerse. Los animales representan o la agonía y el sufrimiento de la gente, la paz amenazada o el valor y orgullo de los defensores.

"Guernica" no es una obra que satisfaga el sentido estético. Nos ofende que algunos quieran destruir a otros. Pero es una obra maestra surrealista de Picasso.

Comprensión

Contesta en frases completas las siguientes preguntas.

1. ¿Dónde residía Picasso en 1937?

   Picasso residía en París en 1937.

2. ¿Quién lo comisionó a pintar un mural para la Feria Mundial?

   El Gobierno Español en exilio lo comisionó a pintar un mural para la Feria Mundial.

_____

3. ¿Cómo se llama el mural que pintó?

El mural que pintó Picasso se llama "Guernica".

4. ¿Qué representa el mural?

El mural representa el trágico bombardeo y la destrucción total del pueblo de Guernica.

5. ¿Cuáles son los colores?

Los colores son monocromáticos de blanco a negro.

6. ¿En qué acciones se muestran las mujeres?

La mujeres se muestran en las acciones de gritar, empujar, correr y caerse.

7. ¿Qué representan los animales?

Los animales representan la agonía y el sufrimiento de la gente, la paz amenazada o

el valor y orgullo de los defensores.

8. ¿Qué clase de obras pintó Picasso?

Picasso pintó obras surrealistas.

ESTRUCTURA

Presente de verbos regulares, irregulares y de cambio radical

A Completa las siguientes oraciones con la forma apropiada del verbo indicado.

Modelo: El joven _____ a las dos pero tú no _____ hasta las tres. (venir)
El joven viene a las dos pero tú no vienes hasta las tres.

1. María ___va___ al museo el sábado, pero nosotros no ___vamos___ con ella. (ir)

2. Yo ___salgo___ mañana pero tú no ___sales___ a la misma hora. (salir)

3. Yo ___quepo___ en este asiento, pero mi amigo es más gordo y no ___cabe___ . (caber)

4. Los bufones ___divierten___ con sus acciones, y los enanos también ___divierten___ . (divertir)

5. Ella ___sabe___ la respuesta, pero yo no la ___sé___ . (saber)

6. Yo ___soy___ alto, pero Roberto ___es___ el más alto de todos. (ser)

7. Papá siempre ___da___ dulces a los peques, pero yo les ___doy___ frutas. (dar)

8. Mi hermano ___quiere___ ir al cine, pero nosotros no ___queremos___ acompañarlo. (querer)

9. Los niños ___duermen___ tarde el sábado, pero nosotros nunca ___dormimos___ tarde. (dormir)

10. Mamá ___pone___ la mesa por la mañana, pero yo la ___pongo___ por la noche. (poner)

11. Ella ___pide___ un lienzo nuevo, pero nosotros ___pedimos___ óleos. (pedir)

12. Yo ___almuerzo___ a las doce del día, pero José ___almuerza___ a las dos de la tarde. (almorzar)

13. Ella ___cuenta___ su dinero, pero tú ___cuentas___ historias interesantes. (contar)

14. La profesora ___trae___ los exámenes, y yo ___traigo___ mis tareas. (traer)

15. Tú ___vienes___ temprano, pero yo ___vengo___ tarde todos los días. (venir)

16. Mi hermana mayor ___comienza___ sus cursos universitarios en agosto, pero mi hermanita y yo ___comenzamos___ nuestras clases en septiembre. (comenzar)

17. Mis abuelos siempre ___pierden___ sus cosas, pero mis padres y yo nunca ___perdemos___ nada. (perder)

Nombre _____ Fecha _____

B Forma oraciones originales y lógicas de las columnas sugeridas según los números indicados.

Modelo: 1-1-1
Yo busco un hotel céntrico.

1.	yo	buscar	(a/al/un) hotel céntrico
2.	tú	volver	(a/a la) plaza mayor
3.	él	conducir	(a) la ruta mas directa a la autopista
4.	nosotros	seguir	(a) la esquina indicada en el plano de la ciudad
5.	ellos	escoger	(a/a la/la/una) señal para evitar los líos del tránsito
6.		dirigirse	(al/un) coche económico y en buenas condiciones
7.		encontrar	monedas para el parquímetro

(a) 1-3-6 Yo conduzco un coche económico y en buenas condiciones.

(b) 4-4-3 Nosotros seguimos la ruta más directa a la autopista.

(c) 5-6-5 Ellos se dirigen a una señal para evitar los líos del tránsito.

(d) 3-2-2 Él vuelve a la plaza mayor.

(e) 1-5-7 Yo escojo monedas para el parquímetro.

(f) 2-1-4 Tú buscas la esquina indicada en el plano de la ciudad.

C **Ensayo de la comedia.** El club de teatro ensaya para la presentación anual. El director quiere saber quién hace ciertos papeles.

Modelo: **¿Quién viene preparado para ensayar?**
Pilar: *Yo vengo preparada.*

1. ¿Quién sale en la primera escena?

Juanito: Yo salgo en la primera escena.

2. ¿Quién va al centro del foro?

Ruperto: Yo voy al centro del foro.

3. ¿Quién sale entonces con el protagonista?

Aurora: Yo salgo con el protagonista.

4. ¿Quién trae el manto al foro?

Mónica: Yo traigo el manto al foro.

5. ¿Quién cae al suelo fusilado?

Rodrigo: Yo caigo al suelo fusilado.

6. ¿Quién no vale nada en este reparto?

Mauricio: Yo no valgo nada en este reparto.

D Escribe la forma apropiada del verbo indicado.

1. (escuchar)   él ___escucha___   Uds. ___escuchan___   nosotros ___escuchamos___

2. (creer)   yo ___creo___   tú ___crees___   ellos ___creen___

3. (repetir)   yo ___repito___   Ud. ___repite___   nosotros ___repetimos___

4. (poder)   ella ___puede___   yo ___puedo___   nosotros ___podemos___

5. (jugar)   tú ___juegas___   yo ___juego___   nosotros ___jugamos___

6. (caer)   yo ___caigo___   ella ___cae___   ellos ___caen___

7. (sentir)   tú ___sientes___   ellas ___sienten___   nosotros ___sentimos___

8. (empezar)   yo ___empiezo___   él ___empieza___   nosotros ___empezamos___

9. (cerrar)   yo ___cierro___   Ud. ___cierra___   nosotros ___cerramos___

10. (seguir)   tú ___sigues___   yo ___sigo___   vosotros ___seguís___

Los posesivos

E Traduce al español las palabras en inglés.

Modelo: Perdí (her) _____ carta y (yours) _____ .
  Perdí su carta y la tuya.

1. Mi hermana dice: "Lleva (your) ___tu___ camisa y no (mine) ___la mía___ ."

2. (His) ___Sus___ zapatos y (ours) ___los nuestros___ son viejos.

3. Antonio es (our) ___nuestro___ primo y Alberto es (theirs) ___el suyo (el de ellos)___ .

4. Lo siento mucho, pero esta foto es (mine) ___mía___ , no (Ana's) ___la de Ana___ .

5. (Her) ___Su___ amiga es alta, pero (mine) ___la mía___ es baja.

6. Tenemos (their) ___sus___ libros, y ellos tienen (ours) ___los nuestros___ .

7. (Your) ___Sus (Tus)___ compañeras y (mine) ___las mías___ van al museo hoy.

8. (Our) ___Nuestra___ tía es más joven que (his) ___la suya (la de él)___ .

9. (His) ___Su___ pintura no es tan vívida como (Frida's) ___la de Frida___ .

10. (Her) ___Sus (Las pinturas de ella)___ pinturas valen más

    que (ours) ___(las pinturas de nosotros) las nuestras___ .

F Escribe cada una de las siguientes frases, cambiando el posesivo de la forma corta a la forma larga.

Modelo: **Ana lleva su cartera.**
Ana lleva la suya.

1. ¿Dónde está tu cuaderno?

   ¿Dónde está el tuyo?

2. Yo tengo todos mis papeles.

   (Yo) Tengo todos los míos.

3. Los alumnos contestan sus preguntas.

   Los alumnos contestan las suyas.

4. Nosotros abrimos nuestros libros.

   (Nosotros) Abrimos los nuestros.

5. Ellos preparan sus tareas.

   Ellos preparan las suyas.

Los demostrativos

G Completa los espacios con un pronombre demostrativo.

Modelo: **Mira esta obra de arte, no _____ .**
Mira esta obra de arte, no ésa.

1. Este profesor me conoce, pero _____ése_____ no me conoce.

2. Aquella muchacha es mi prima, no _____ésta_____ .

3. Quiero estas corbatas, no _____ésas_____ .

4. No deseo leer este periódico sino _____ése_____ .

5. Comprendo eso, pero no entiendo _____esto_____ .

6. No leí aquel libro, pero he leído _____éste_____ varias veces.

7. Carlos y Roberto son mis nietos. Carlos tiene quince años y _____ése_____ tiene dieciséis.

8. Esta chica es bonita; ésa es más bonita, y _____aquélla_____ es la más bonita de las tres.

H Traduce al español las siguientes frases.

1. this painting and that one

   esta pintura y ésa (aquélla)

2. that book and that one (over there)

   ese libro y aquél

3. these hats and those

   estos sombreros y ésos

4. this picture frame and that one (near you)

   este marco y ése

5. those cloaks and these

   esos mantos y éstos

I Contesta cada pregunta con el pronombre demostrativo contrario.

   Modelo: ¿Te gustan esos retratos?
             No, me gustan éstos.

1. ¿Fuiste a esa fiesta?

   No, fui a aquélla.

2. ¿Van ustedes a comprar estos regalos?

   No, vamos a comprar ésos.

3. ¿Quiere Ud. este refresco?

   No, quiero ése.

4. ¿Hizo Miguel esta pintura?

   No, hizo ésa.

5. ¿Prefieres aquella tortilla?

   No, prefiero ésta.

Vocabulario clave

J Completa las siguientes oraciones con una de las palabras de la lista.

> el entierro, tachar, extraña, ternura, trasladarse, cálido, un espanto,
> hervir, el colmo, ira, colocar, desnudo, desierto

1. Tienes que controlar tu _____ ira _____ cuando estás tan enojado.

2. El hombre murió ayer y _____ el entierro _____ tendrá lugar en dos días.

3. Para preparar el té, es necesario _____ hervir _____ el agua.

4. La _____ ternura _____ de la madre indica que es una persona de mucha sensibilidad.

5. Ponle la ropa al peque; no le conviene correr por la casa casi _____ desnudo _____ .

6. El ver tal espectáculo le da _____ un espanto _____ a cualquiera.

7. La lista es muy larga. Vamos a _____ tachar _____ algunas palabras.

8. La familia va a _____ trasladarse _____ de Texas a California.

9. Se dice que ese cuadro de Murillo es _____ el colmo _____ del arte religioso.

10. ¿Dónde vamos a _____ colocar _____ ese bonito retrato?

K Haz frases originales con las siguientes palabras y expresiones.

1. querer decir: ___¿Qué quiere decir ese modismo?___

2. colegio: ___Los colores de mi colegio son azul y blanco.___

3. acabar de: ___Acabo de comer y ahora voy a leer un poco.___

4. caprichos: ___Sus acciones son caprichos suyos.___

5. echar de menos: ___Mi amigo está de viaje y lo echo de menos.___

CUADRO 2

EL HUMORISMO

PRIMERA LECTURA

Experimento no muy cómico

Recientemente un experto de iluminación dio una comida fantástica para ilustrar el efecto del color no sólo sobre la vista sino también sobre los sentidos —gusto, tacto y olfato— que están relacionados con ella. Creó el experto un ambiente encantador en el comedor. Una buena orquesta tocaba música agradable; todos los platos y vinos eran de primera calidad. Había flores bonitas por todas partes.

Pero en vez de lámparas eléctricas ordinarias, el anfitrión usó lámparas especiales con filtros para iluminar el cuarto. Esas lámparas hacían desaparecer todos los colores excepto los verdes y los rojos.

Los invitados se sorprendieron al ver en la mesa carne gris, papas rojas, ensalada color de violeta y guisantes negros. La leche era del color de sangre, y el café, un amarillo repugnante. La mayoría de los invitados no pudieron comer. Varios se enfermaron. El experimento fue un éxito completo…, pero no la comida.

Comprensión

Contesta en frases completas las siguientes preguntas.

1. ¿En qué campo era experto el que dio la comida?

   Él era experto en iluminación.

2. Además de la vista, ¿en qué otros sentidos quería el anfitrión ilustrar el efecto del color?

   El anfitrión quería ilustrar el efecto del color en el gusto, tacto y olfato.

3. ¿Para qué usó lámparas especiales el anfitrión?

   Él usó lámparas para hacer desaparecer todos los colores excepto los verdes y los rojos.

4. ¿De qué color parecía ser la carne? ¿la leche? ¿el café?

   La carne parecía gris; la leche, color de sangre; el café, amarillo repugnante.

5. ¿Qué le pasó a algunos de los invitados con este experimento?

   Algunos de los invitados no pudieron comer; otros se enfermaron.

SEGUNDA LECTURA

El día de su cumpleaños el señor García se levantó y de repente aprendió que un grupo de huelguistas (*picket line*) de su fábrica había rodeado su casa dando vueltas llevando grandes carteles.

—¿Qué les pasa a esos tontos?—gritó el senor García. —No hay nadie que pague los salarios tan altos como yo. En ningún otro empleo podían tener mayores bonificaciones (*bonuses*). Aun cuando están enfermos les pago y los ayudo con los gastos del hospital. ¡Animales insoportables! ¡Así me recompensan cuando nunca hemos tenido ningún problema!

Su esposa empezó a reír. Se había dado cuenta del significado de la escena. Los carteles anunciaban: ¡No hay patrón como el nuestro! ¡Viva el señor García! ¡Buenos deseos a nuestro amigo! ¡Felicitaciones!

—Eres tú el tonto, querido—dijo la señora a su marido. —Han venido todos a desearte un feliz cumpleaños. —Y dándole un beso, añadió—Y yo también te lo deseo… ¡aunque no me pagas bastante!

Comprensión

Contesta en frases completas las siguientes preguntas.

1. ¿Qué aprendió el señor García al despertarse?

   El señor García aprendió que un grupo de huelguistas había rodeado su casa.

2. ¿Qué estaban haciendo los huelguistas?

   Los huelguistas daban vueltas llevando grandes carteles.

3. ¿Cómo ayudó el señor García a sus empleados cuando estaban enfermos?

   El señor García les pagaba y ayudaba con los gastos del hospital.

4. ¿Por qué empezó a reír su esposa?

   Su esposa empezó a reír porque se había dado cuenta del significado de la escena.

5. ¿Por qué se habían reunido los empleados delante de la casa de su patrón?

   Los empleados se habían reunido para desearle a su patrón un feliz cumpleaños.

ESTRUCTURA

Los pronombres reflexivos

A Llena los espacios con el pronombre reflexivo apropiado.

1. Yo siempre _____me_____ lavo la cara antes de cepillar _____me_____ los dientes.

2. Si comes demasiado, _____te_____ enfermas.

3. Después de tanto jugar, los chicos no _____se_____ sienten bien.

4. Los sábados _____nos_____ despertamos tarde.

5. Nosotros no _____nos_____ acostamos tan temprano.

6. Si vosotros _____os_____ acostáis a las nueve, _____os_____ levantaréis con suficiente tiempo para acompañarnos.

7. Cuando hace frío, María siempre _____se_____ pone un suéter.

8. Nunca _____me_____ aburro cuando estoy solo.

B Contesta las siguientes preguntas en frases completas usando la respuesta sugerida.

Modelo: ¿Con quiénes se encuentra Ud. después de las clases? (amigos)
Después de las clases me encuentro con mis amigos.

1. ¿Cómo se siente Roberto hoy? (bastante bien)

   Roberto se siente bastante bien hoy.
   _____

2. ¿Cómo te vistes para ir a la playa? (traje de baño)

   Me visto de traje de baño para ir a la playa.
   _____

3. ¿A qué hora se desayunan Uds. los domingos? (las diez)

   Nos desayunamos a las diez.
   _____

4. Si trabajan todo el día, ¿se cansan ellos? (sí, mucho)

   Sí, se cansan mucho.
   _____

5. ¿Cómo se llama la nueva alumna? (Angélica)

   Se llama Angélica.
   _____

C Llena el espacio con la forma apropiada del verbo reflexivo indicado.

1. No me gusta _____peinarme_____ por la mañana. (peinarse)

2. Mi hermano y yo _____nos levantamos_____ muy tarde los sábados. (levantarse)

3. Ellos _____se van_____ a las cuatro en punto. (irse)

4. Si escuchas tal música por mucho tiempo, ¿_____te duele_____ el oído? (dolerse)

5. ¡No hay clases hoy! El profesor _____se siente_____ enfermo. (sentirse)

Los mandatos directos

D Completa la tabla con los mandatos afirmativos de los verbos indicados.

VERBO	MANDATO FORMAL		MANDATO FAMILIAR	
	Singular	Plural	Singular	Plural
(hablar)	hable	hablen	habla	hablad
(decir)	diga	digan	di	decid
(buscar)	busque	busquen	busca	buscad
(ser)	sea	sean	sé	sed
(oír)	oiga	oigan	oye	oíd
(empezar)	empiece	empiecen	empieza	empezad
(sentarse)	siéntese	siéntense	siéntate	sentaos
(escoger)	escoja	escojan	escoge	escoged
(seguir)	siga	sigan	sigue	seguid
(saber)	sepa	sepan	sabe	sabed
(venir)	venga	vengan	ven	venid
(poner)	ponga	pongan	pon	poned
(ir)	vaya	vayan	ve	id
(tener)	tenga	tengan	ten	tened
(salir)	salga	salgan	sal	salid
(hacer)	haga	hagan	haz	haced

E Cambia el mandato afirmativo al correspondiente mandato negativo.

1. pon   _no pongas_
2. vende   _no vendas_
3. haz   _no hagas_
4. ve   _no vayas_
5. contad   _no contéis_
6. comienza   _no comiences_
7. vuelve   _no vuelvas_
8. pide   _no pidas_
9. despiértate _no te despiertes_
10. responded   _no respondáis_

F Cambia los mandatos directos a los mandatos indirectos negativos según el modelo.

Modelo: Entremos en esta tienda. (ellos)
      Que no entren en esta tienda.

1. Comamos esta tortilla con queso. (tú)

    Que no comas.

2. Pidamos un nuevo libro de español. (ella)

    Que no pida.

3. Sentémonos en una mesa para el público. (ellos)

    Que no se sienten.

4. Demos este premio a los que ganen el juego. (Ud.)

    Que no dé Ud.

5. Subamos al tercer piso. (María y Juanito)

    Que no suban.

G Cambia los mandatos directos afirmativos, con *vosotros (as)*, a los negativos.

1. dad   no deis
2. salid   no salgáis
3. id   no vayáis
4. sentaos   no os sentéis
5. comed   no comáis

H Escribe las siguientes frases cambiando el mandato familiar afirmativo al mandato familiar negativo.

1. Cómprame ese regalo, por favor.

   No me compres.

2. Lee el cuento de este autor.

   No leas.

3. Repite estas frases en coro.

   No repitas.

4. Busca otro libro en la biblioteca.

   No busques.

5. Mete la carta al buzón.

   No metas.

6. Vístete formalmente.

   No te vistas.

7. Duerme en esa cama preparada.

   No duermas.

8. Corrige todas las faltas indicadas en el papel.

   No corrijas.

9. Justifica tu respuesta, Antonio.

   No justifiques.

10. Cuéntame un chiste interesante.

    No me cuentes.

Ser y estar

I Llena los espacios con la forma apropiada de *ser* o *estar*.

Mis mejores amigos (1) ___son___ Juan, Miguel y Rosa. Conozco a Juan hace muchos años. (2) ___Es___ un joven alto, guapo y de ojos azules. Miguel (3) ___es___ de Puerto Rico y acaba de trasladarse de San Juan. (4) ___Está___ en el primer año de sus estudios universitarios. Rosa (5) ___es___ mi compañera constante. Vamos juntas por todas partes y todos creen que (6) ___somos___ hermanas aunque ella (7) ___es___ rubia y yo (8) ___soy___ morena.

Hoy (9) ___es___ sábado e íbamos a caminar en un parque que (10) ___está___ cerca de mi casa, pero (11) ___es___ una lástima que tengamos que cambiar los planes. Ayer, Juan (12) ___estaba___ ausente y oigo decir que todavía (13) ___está___ enfermo. Miguel (14) ___está___ visitando a unos parientes suyos, y Rosa (15) ___está___ en casa porque (16) ___está___ obligada a ayudar a su mamá.

¿Ves por qué el día no va a (17) ___ser___ tan agradable como habíamos planeado? ¡Ojalá que el próximo sábado (18) ___sea___ mejor!

J Completa las frases siguientes con la forma apropiada de *ser* o *estar*.

1. ¿De dónde ___son___ los nuevos vecinos?

2. Mi profesor de español ___es___ muy inteligente.

3. ¿Dónde ___está___ la oficina de correos? Necesito comprar sellos.

4. Yo ___estoy___ muy bien, gracias.

5. Todos los fotógrafos ___están___ presentes.

6. Ayer dejé mi carta en la mesa, pero hoy no ___está___ allí.

7. Pepe y Pablo ___son___ muy fuertes.

8. ¿Quién ___es___ ese señor? No lo conozco.

9. Él ___es___ capitán de nuestro equipo de fútbol.

10. Mi clase de historia ___es___ a las diez.

Nombre _____ Fecha _____

K Completa la siguiente conversación con formas apropiadas de *ser* o *estar*.

Paquita (1) ___está___ en cama. (2) ___Está___ muy enferma. (3) ___Es___ una chica bonita que (4) ___es___ muy alta para sus catorce años. Hoy su cara (5) ___está___ muy pálida. (6) ___Está___ muy contenta al saber que su amiga Graciela (7) ___está___ presente para consolarla.

Graciela: Buenos días, Paquita. ¿Cómo (8) ___estás___ hoy?

Paquita: (9) ___(Me) Estoy___ mejorando. ¿Qué hay de nuevo?

Graciela: Mis padres han alquilado una casa cerca de la playa. (10) ___Es___ preciosa.

(11) ___Es___ de un solo piso, pero tiene cuatro dormitorios.

Paquita: ¿No (12) ___es___ demasiado grande para tres personas?

Graciela: Mis tíos que (13) ___son___ de Caracas (14) ___están___ de visita y pasarán un mes con nosotros. Los otros dormitorios (15) ___están___ ocupados por ellos.

Paquita: (16) ___Es___ evidente que (17) ___es___ una casa muy conveniente para ustedes.

Graciela: Si quieres gozar de unos días en la playa, (18) ___es___ posible que haya espacio para ti también. Pero ya (19) ___es___ tarde. Tengo que irme.

Paquita: ¿Qué hora (20) ___es___ ?

Graciela: (21) ___Son___ las cuatro y media. Adiós, niña, cuídate bien. Tal vez te veré mañana si todavía (22) ___estás___ en cama.

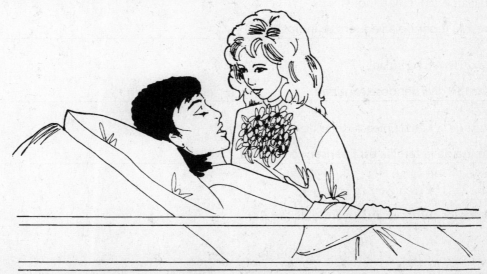

El tiempo progresivo

L **¿Qué está pasando allí?** Los padres de Beto y Oscar son sordos. A veces los chicos son muy traviesos. Como los padres no oyen, no se quejan, pero los vecinos sí. Considera lo que están haciendo en este momento.

Modelo: El padre lee en el segundo piso.
El padre está leyendo en el segundo piso.

1. La madre duerme en su habitación.

   La madre está durmiendo en su habitación.

2. Beto toca el tambor.

   Beto está tocando el tambor.

3. Oscar grita palabrotas (*naughty words*) a las chicas de la casa de al lado.

   Oscar está gritando palabrotas a las chicas de la casa de al lado.

4. Unos amigos patinan en la sala.

   Unos amigos están patinando en la sala.

5. Pablo monta la patineta (*skateboard*) en la cocina.

   Pablo está montando la patineta en la cocina.

6. Otros vecinitos marchan alrededor y sobre los muebles de la sala.

   Otros vecinitos están marchando alrededor y sobre los muebles de la sala.

7. Lucas da golpes en el piano.

   Lucas está dando golpes en el piano.

8. Otros juegan a vaqueros e indios.

   Otros están jugando a vaqueros e indios.

9. Todos se divierten cantidad.

   Todos están divirtiéndose cantidad.

10. Una amiga de la familia piensa callarlos.

    Una amiga de la familia está pensando callarlos.

11. Casi todos los chicos huyen de la casa.

    Casi todos los chicos están huyendo de la casa.

12. Y arriba, el padre lee con calma.

<u>Y arriba, el padre está leyendo con calma.</u>

13. Ya la madre se viste para bajar.

<u>Ya la madre se está vistiendo para bajar.</u>

M Escribe las frases siguientes, traduciendo al español las palabras en inglés usando el tiempo progresivo.

1. La señora González (*kept on saying*) la misma cosa.

La señora González _____ **seguía diciendo** _____ la misma cosa.

2. Porque hacía mucho frío (*they were running*) para calentarse.

Porque hacía mucho frío _____ **estaban corriendo** _____ para calentarse.

3. ¿Qué (*is eating*) Raúl?

¿Qué _____ **está comiendo** _____ Raúl?

4. (*We are reading*) una novela escrita por Cervantes.

_____ **Estamos leyendo** _____ una novela escrita por Cervantes.

5. En este momento (*is falling*) la lluvia.

En este momento _____ **está cayendo** _____ la lluvia.

N Escribe frases en el tiempo progresivo usando cada grupo de palabras.

Modelo: chicos/ estar/ mirar/ pájaros/ en su jaula.
Los chicos están mirando los pájaros en su jaula.

1. empleado/ estar/ vender/ sellos/ ventanilla/ correo

<u>El empleado está vendiendo sellos en la ventanilla del correo.</u>

2. coleccionista/ estar/ acariciar/ gato/ fingir/ interés

<u>El coleccionista está acariciando el gato fingiendo interés.</u>

3. qué/ estar/ hacer/ niños/ detrás de/ casa

<u>¿Qué están haciendo los niños detrás de la casa?</u>

4. juez/ estar/ leer/ último/ testamento/ señor Álvarez

<u>El juez está leyendo el último testamento del señor Álvarez.</u>

5. para/ ver/ si/ hay/ cartas/ hombre/ estar/ examinar/ apartado

<u>Para ver si hay cartas el hombre está examinando el apartado.</u>

O Escribe las siguientes frases sustituyendo el gerundio por la cláusula adverbial indicada según el modelo.

Modelo: *Al pasar por la cocina, vi a mamá preparando la comida.*
Pasando por la cocina, vi a mamá preparando la comida.

1. *Por ser ya tarde,* cerraron la ventanilla.

   Siendo ya tarde, cerraron la ventanilla.

2. *Cuando se dio cuenta de la hora,* dejó de trabajar.

   Dándose cuenta de la hora, dejó de trabajar.

3. *Al ver el cartel,* se enteró que no había paso por esta calle.

   Viendo el cartel, se enteró que no había paso por esta calle.

4. *Cuando oyó la campana,* supo que la clase había terminado.

   Oyendo la campana, supo que la clase había terminado.

5. *Al echar la carta en el buzón,* recordó que no había puesto sello en el sobre.

   Echando la carta en el buzón, recordó que no había puesto sello en el sobre.

Vocabulario clave

P Completa las siguientes oraciones con una palabra o una expresión apropiada.

1. El granizo cayó durante una hora sobre la ____casa____ , la ____huerta____ , el ____monte____ y todo el ____valle____ .

2. El campo quedó blanco como ____cubierto de sal____ .

3. Lencho ya no sentía alegría sino ____tristeza____ .

4. El ____granizo____ no dejó nada en las plantas.

5. Pasaron la noche muy tristes pero en sus corazones guardaban una ____esperanza____ .

6. No se afligieron demasiado porque recordaron que nadie ____(se) muere de hambre____ .

7. Lencho pasó la noche pensando en la ____ayuda de Dios____ .

8. Aunque Lencho era hombre de poca educación, sabía ____escribir____ .

9. En su carta a Dios pidió ____cien pesos____ para ____volver a sembrar____ y ____vivir____ mientras ____la nueva cosecha____ viene.

10. Después de poner el ____sello____ a la carta, la echó en el ____buzón____ .

Q En muchos periódicos hay secciones dedicadas a contestar las preguntas de los lectores que tienen problemas personales. La Señora Consejera del Diario aconseja por medio de su columna a tales lectores. Aquí hay una carta escrita por una señorita que se llama "Vanidosa pero enamorada".

Lee la carta. Después, contesta las preguntas.

Muzquiz Pte. 424, Int. 3
Saltillo, Coahuila
México
5 de junio

Señora Consejera
El Diario
Apartado 333
Saltillo, México

Estimada Señora Consejera:

Hace dos años me operaron por apendicitis, lo que me dejó con una cicatriz bien fea.

En el verano mi novio y yo pasamos mucho tiempo en la playa, y él insiste en que yo lleve un bikini. Tengo una figura escultórica y los bikinis me quedan bien, pero como me siento tan incómoda a causa de la cicatriz (parece a una enorme araña), siempre llevo un traje de baño de una sola pieza. Mi novio se enfurece. Se enfada tanto que tenemos argumento tras argumento, y ayer me dijo que no me acompañaría más a la playa hasta que sepa vestirme a la moda de las demás.

Temo que el amor se marchite, pero no puedo exponerme a todas esas miradas curiosas. ¿Qué... debo hacer? Ayúdeme, por favor, Señora Consejera.

Sinceramente,

Vanidosa pero enamorada

Comprensión

Contesta las siguientes preguntas en frases completas.

1. ¿Quién escribió la carta?

   Una chica que tiene un problema personal escribió la carta.

2. ¿Quién es la destinataria?

   La Señora Consejera del Diario es la destinataria.

3. ¿Qué es el saludo?

   "Estimada Señora Consejera" es el saludo.

4. ¿Qué palabra de despedida emplea la escritora?

   La escritora emplea la palabra de despedida "Sinceramente."

5. ¿Por qué lleva la escritora un traje de baño de una sola pieza?

   La escritora lleva un traje de baño de una sola pieza porque tiene una cicatriz fea.

6. ¿Qué quiere el novio de la señorita?

   El novio de la señorita quiere que ella lleve un bikini.

7. ¿Qué pide la escritora a la consejera?

   La escritora le pide ayuda a la consejera.

8. ¿Cómo firma la remitente la carta?

   La remitente firma la carta "Vanidosa pero enamorada."

9. Clasifica la carta. ¿Es privada y personal? ¿Es una carta comercial?

   Esta es una carta privada y personal.

10. Y tú, ¿qué dices? En el espacio de abajo contesta la carta como si fueras la Señora Consejera. Que tenga tu carta un encabezamiento, un(a) destinatario(a), un saludo apropiado, unas líneas a propósito del consejo que piensas ofrecer, una despedida apropiada y tu firma.

    Individual answers will vary.

CUADRO
3

EL HEROÍSMO

PRIMERA LECTURA

La Guerra Civil de España

En 1936 comenzó la Guerra Civil de España después de largos años de descontento. Costó casi un millón de almas y la destrucción parcial o completa de muchas ciudades. Fueron cometidas muchas injusticias sangrientas por los dos partidos. La guerra duró casi tres años, y es sin duda, la mayor tragedia de la historia de España. Los españoles se dividieron en dos facciones, los republicanos y los nacionalistas. Los republicanos recibieron ayuda de Rusia. Es innegable que había muchos comunistas entre ellos aunque no todos los republicanos eran comunistas. Los nacionalistas fueron ayudados por Hítler y Mussolini. Su jefe era Francisco Franco quien fue el jefe supremo del país desde que terminó la guerra hasta su muerte en 1975.

Comprensión

Contesta en frases completas las siguientes preguntas.

1. ¿En qué año comenzó la Guerra Civil de España?

   La Guerra Civil de España comenzó en 1936.

2. ¿Cuántas personas murieron durante esa guerra?

   Casi un millón de personas murieron durante esa guerra.

3. ¿Cuáles son las dos facciones que separaban a los españoles?

   Las dos facciones eran los republicanos y los nacionalistas.

4. ¿Qué país ayudó a los republicanos?

   Rusia ayudó a los republicanos.

5. ¿Quién era el jefe de los nacionalistas?

   Francisco Franco era el jefe de los nacionalistas.

6. ¿Cuántos años duró el gobierno de Franco?

   Duró 36 años.

SEGUNDA LECTURA

España romanizada

Numancia, dramatizada por Cervantes en una épica tragedia en verso, es el símbolo inmortal de la resistencia del pueblo celtíbero desorganizado en lucha a muerte contra Roma.

Los seis mil defensores numantinos prefirieron morir o suicidarse todos en masa antes de entregarse a los romanos. Cuando Escipión el Africano, el general que había derrotado a Aníbal de Cartago, entró en la ciudad en llamas, no pudo encontrar un solo numantino vivo de muestra para contarle la historia del holocausto colectivo de los sitiados.

Con el tiempo, los celtíberos que ya habían recibido infusiones de sangre de otras razas llegadas a la Península, mezclaron su ya mezclada sangre con la de los invasores romanos. Desde entonces sólo hubo un pueblo: hispanorromanos. La lengua, las leyes y las costumbres fueron en parte adoptadas en la Península. España se romanizó. Ya no era una colonia, sino una parte integrante e orgullosa de Roma. Los españoles no eran vasallos, sino ciudadanos romanos que disfrutaban de todos los derechos inherentes a la soberanía. Cuatro españoles llegaron a ser emperadores romanos: Trajano, Adriano, Marco Aurelio y Teodosio el Grande. Séneca, el gran filósofo estoico, y otras ilustres figuras de la intelectualidad romana eran españoles. Así es cómo España se convierte en un país latino, además de lo que había sido antes, y además de lo que la historia le reservaba para el porvenir.

Comprensión

Contesta en frases completas las siguientes preguntas.

1. ¿Qué autor dramatizó en verso a Numancia?

   Cervantes dramatizó en verso a Numancia.

2. ¿Cuántos defensores lucharon contra las fuerzas romanas en Numancia?

   Seis mil defensores lucharon contra las fuerzas romanas en Numancia.

3. ¿A quién había derrotado Escipión antes de ir a España con sus tropas?

   Escipión había derrotado a Aníbal de Cartago.

4. ¿Quiénes se juntaron para formar el pueblo hispanorromano?

   Los celtíberos y los romanos se juntaron para formar el pueblo hispanorromano.

5. ¿Qué adoptaron los españoles de los romanos?

   Los españoles adoptaron de los romanos: las leyes, la lengua y las costumbres (en parte).

6. Nombra a los españoles que llegaron a ser emperadores romanos.

   Los españoles que llegaron a ser emperadores romanos fueron: Trajano, Adriano, Marco Aurelio y Teodosio el Grande.

7. ¿Cómo se llamaba el filósofo romano que era español?

   El filósofo romano que era español se llamaba Séneca.

ESTRUCTURA

El presente del subjuntivo

A Forma frases completas usando las palabras sugeridas, según el modelo.

Modelo: Yo / querer / tú / ir
Yo quiero que tú vayas.

1. Él / desear / ella / estar aquí

   Él desea que ella esté aquí.

2. Ud. / permitir / nosotros / salir

   Ud. permite que (nosotros) salgamos.

3. Yo / pedir / ellos / ayudarnos

   Yo pido que ellos nos ayuden.

4. Tú / insistir en / yo / preparar la cena

   (Tú) Insistes en que yo prepare la cena.

5. Nosotros / mandar / Uds. / sentarse

   (Nosotros) Mandamos que Uds. se sienten.

6. Yo / dudar / ellos / estudiar

   (Yo) Dudo que ellos estudien.

7. Yo / no creer / tú / llegar pronto

   (Yo) No creo que (tú) llegues pronto.

8. Ellos / alegrarse / yo / acompañarlos

   Ellos se alegran (de) que (yo) los acompañe.

9. Él / sentir / ella / estar enferma

   Él siente que ella esté enferma.

10. Nosotros / tener miedo de / Ud. / cometer un error

    (Nosotros) Tenemos miedo de que Ud. cometa un error.

11. Yo / quedarse / hasta que / ellos / regresar

    (Yo) Me quedo hasta que ellos regresen.

12. Tú / salir / antes de que / yo / volver

    (Tú) Sales antes de que yo vuelva.

13. En cuanto / yo / llegar / ella / servir la comida

    En cuanto que yo llegue, ella servirá la comida.

14. Yo / decirlo / para que / tú / saberlo

    (Yo) Lo digo para que (tú) lo sepas.

15. Nosotros / hacerlo / tan pronto como / Ud. / volver

    (Nosotros) Lo hacemos tan pronto como Ud. vuelva.

16. Aquí / no hay nadie / poder / hacerlo

    Aquí no hay nadie que pueda hacerlo.

17. Ellos / necesitar / una persona / bailar bien

    Ellos necesitan una persona que baile bien.

18. Ellos / querer / un tocadiscos / funcionar bien

    Ellos quieren un tocadiscos que funcione bien.

19. Uds. / buscar / un intérprete / saber / italiano

    Uds. buscan un intérprete que sepa italiano.

20. Ellas / pensar / tener la ceremonia / en un lugar / estar cerca

    Ellas piensan tener la ceremonia en un lugar que esté cerca.

21. Ser dudoso / ellos / poder hacerlo

    Es dudoso que ellos puedan hacerlo.

22. Ser posible / tú / saber la respuesta

    Es posible que (tú) sepas la respuesta.

23. No ser cierto / Ana / volver temprano

    No es cierto que Ana vuelva temprano.

24. Ser importante / tú / entregar la carta

    Es importante que (tú) entregues la carta.

25. Ser mejor / ellos / quedarse en casa

    Es mejor que ellos se queden en casa.

La voz pasiva con se

B Escribe las doce frases siguientes usando la voz pasiva con *se* y las palabras indicadas.

Modelo: se / prohibir / fumar / en el restaurante
Se prohíbe fumar en el restaurante.

1. hablarse / español / en este sitio

   Se habla español en este sitio.

2. Se / darme / muchos regalos para Navidad

   Se me dan muchos regalos para Navidad.

3. En mi país / hablarse / portugués

   En mi país se habla portugués.

4. ¿Cómo / decirse / eso / en español?

   ¿Cómo se dice eso en español?

5. Se / leernos / ese cuento / ayer

   Se nos leyó ese cuento ayer.

6. Acabarse / el trabajo / a las seis

   Se acaba el trabajo a las seis.

7. Celebrarse / el día / de su santo

   Se celebra el día de su santo.

8. Cerrarse / las puertas / temprano

   Se cierran las puertas temprano.

9. Tocarse / música / extraña / en este teatro

   Se toca música extraña en este teatro.

10. Estacionarse / los coches / en este lado / de la calle

    Se estacionan los coches en este lado de la calle.

11. Venderse / libros / en la librería

    Se venden libros en la librería.

12. En la playa / oírse / el ruido de las olas

    En la playa se oye el ruido de las olas.

La voz pasiva con ser y el participio pasado

C Cambia las siguientes frases del pretérito a la voz pasiva con *ser* y el participio pasado.

1. Su amigo escribió la cárta.

   La carta fue escrita por su amigo.

2. Los ricos donaron ropa usada a los pobres.

   La ropa usada fue donada a los pobres por los ricos.

3. Los alumnos contribuyeron dinero a una causa especial.

   El dinero para una causa especial fue contribuido por los alumnos.

4. Lope de Vega escribió muchas obras en verso.

   Muchas obras en verso fueron escritas por Lope de Vega.

5. Un mecánico bueno hizo las reparaciones en mi carro.

   Las reparaciones en mi carro fueron hechas por un mecánico bueno.

6. Cristóbal Colón descubrió América en 1492.

   América fue descubierta por Cristóbal Colón en 1492.

7. Mis abuelos le regalaron un reloj a mi hermano.

   Un reloj fue regalado a mi hermano por mis abuelos.

8. Mis padres arreglaron la boda de mi hermana.

   La boda de mi hermana fue arreglada por mis padres.

Los mandatos indirectos

D Cambia las siguientes frases declarativas a mandatos indirectos según el modelo.

Modelo: Roberto quiere estudiar solo.
Que estudie solo.

1. Papá quiere acostarse ahora.

   Que se acueste ahora.

2. El peque no quiere beber la leche.

   Que no la beba.

3. El campesino no quiere cultivar el maíz.

   Que no cultive el maíz.

4. Martín quiere escribir una composición.

   Que escriba una composición.

5. La Cruz Roja quiere ayudar a las víctimas.

   Que ayude a las víctimas.

6. El artista quiere pintar tu retrato.

   Que pinte tu retrato.

7. Los jóvenes quieren ir al parque.

   Que vayan al parque.

8. Mario quiere preparar las fajitas.

   Que prepare las fajitas.

9. El director quiere anunciar los resultados.

   Que anuncie los resultados.

10. Beto quiere leer la revista.

    Que lea la revista.

11. Elena quiere irse a casa.

    Que se vaya.

12. Manuel quiere comprar el cuadro.

    Que lo compre.

El presente de subjuntivo con expresiones impersonales

E **Las vacaciones navideñas.** ¿Qué van a hacer estas personas durante las vacaciones de diciembre? ¿Son firmes y concretos sus planes? Construye oraciones lógicas, escogiendo sucesivamente de cada lista. No todas las combinaciones son posibles.

Modelo: 1-1-1-1
Es posible que yo estudie para los exámenes y que escriba el informe.

1. Es posible que	1. yo	1. estudiar para los exámenes	1. escribir el informe
2. Es cierto que	2. tú	2. vender los esquís	2. comprar nuevos
3. Es importante que	3. su amigo	3. ir a esquiar en Colorado	3. ver los desfiles en la tele
4. Es verdad que	4. nosotros	4. trabajar de día	4. salir de noche
5. Es dudoso que	5. ellos	5. salir en seguida	5. tocar con ese combo
			6. subir montañas
			7. recibir regalos y devolverlos
			8. conocer gente y corresponder

Sentences will vary.

CUADRO
4

EL INDIO

PRIMERA LECTURA

La rebelión de los indígenas

Fue costumbre entre los conquistadores repartirse los nativos de las tierras descubiertas, con el fin de que les ayudasen en sus tareas colonizadoras (trabajos agrícolas, construcción de viviendas, cría de ganado, etc.). A cambio de este servicio, los nativos repartidos debían ser instruidos en la fe cristiana y alfabetizados.

Desgraciadamente, muchos de los conquistadores olvidaron sus deberes y abusaron de los indígenas, reduciéndolos prácticamente a la esclavitud.

En un principio los aborígines habían admirado a los recién llegados por su valor y su audacia, e inclusive los creyeron inmortales, pero al ser ofendidos y al darse cuenta de que los españoles también morían, se rebelaron y trataron de exterminarlos.

Esto fue lo que ocurrió en 1511. El cacique Agueynaba, disgustado con los españoles, animó a sus súbditos a rebelarse, solicitando además el apoyo de los caribes.

Ponce de León y sus capitanes ayudados por refuerzos llegados de la isla de Santo Domingo, lograron sin embargo dominar la sublevación, gracias a lo cual la paz volvió a reinar en la isla.

Comprensión

Contesta en frases completas las siguientes preguntas.

1. ¿Para qué se repartían a los indios entre los conquistadores?

   Los conquistadores se repartían a los indios para que ayudasen en las tareas colonizadoras.

2. ¿Qué responsabilidad tenían los terratenientes a cambio de este servicio?

   Los terratenientes tenían la responsabilidad de instruir a los indios en la fe cristiana

   y alfabetizarlos.

3. ¿Por qué se rebelaron los aborígines?

   Los aborígenes se rebelaron porque fueron ofendidos y se habían dado cuenta de que

   los españoles no eran inmortales.

4. ¿Quién organizó la rebelión de 1511?

   El cacique Agueynaba organizó la rebelión de 1511.

SEGUNDA LECTURA

El rastreador

El rastreador es un personaje grave, circunspecto, cuyas aseveraciones hacen fe en los tribunales inferiores. La conciencia del saber que posee le da cierta dignidad reservada y misteriosa. Todos lo tratan con consideración; el pobre, porque puede hacerle mal, calumniando o denunciándolo; el propietario, porque su testimonio puede fallarle.

Un robo se ha ejecutado durante la noche; no bien se nota, corren a buscar una pisada del ladrón y, encontrada, se cubre con algo para que el viento no la disipe. Se llama en seguida al rastreador, que ve el rastro y lo sigue sin mirar sino de tarde en tarde el suelo, como si sus ojos vieran de relieve esta pisada que para otro es imperceptible. Sigue el curso de las calles, atraviesa los huertos, entra en una casa y, señalando un hombre que encuentra, dice fríamente: "¡Éste es!" El delito está probado, y raro es el delincuente que resiste a esta acusación. Para él, más que para el juez, la deposición del rastreador es la evidencia misma; negarla sería ridículo, absurdo. Se somete, pues, a este testigo que considera como el dedo de Dios que lo señala.

(Fragmento de *Facundo* de Domingo Faustino Sarmiento)

Comprensión

Contesta en frases completas las siguientes preguntas.

1. Describe el rastreador de profesión.

   El rastreador de profesión es un personaje grave, circunspecto, cuyas aseveraciones son importantes en los tribunales.

2. ¿Qué efecto tiene en el rastreador la conciencia del saber que posee?

   El efecto que tiene en el rastreador la conciencia del saber que posee es que le da cierta dignidad reservada y misteriosa.

3. ¿Cómo trata la gente al rastreador? ¿Por qué?

   La gente trata al rastreador con consideración porque puede hacerle mal, calumniando o denunciándolo.

4. ¿Qué hace el rastreador cuando va en busca de un ladrón?

   Cuando el rastreador va en busca de un ladrón ve el rastro y lo sigue por todas partes.

5. ¿Resisten muchos delincuentes la acusación del rastreador? ¿Por qué?

   No, porque la deposición del rastreador es la evidencia misma.

ESTRUCTURA

El pretérito y la colocación de los pronombres de objetos

A **¿Quién lo hizo?** Completa las preguntas con la forma apropiada del pretérito. Después, contesta las preguntas con la(s) persona(s) indicada(s), colocando el objeto en su debido lugar, según el modelo.

> **Modelo:** ¿Quiénes (buscar) la ruta a Sonora? (los soldados españoles)
> *¿Quiénes buscaron la ruta a Sonora?*
> *Los soldados españoles la buscaron.*

1. ¿Quiénes (atacar) a los españoles? (los yaquis)

   ¿Quiénes atacaron a los españoles?

   Los yaquis los atacaron.

2. ¿Quiénes (derrotar) a los conquistadores? (los yaquis indomables)

   ¿Quiénes derrotaron a los conquistadores?

   Los yaquis indomables los derrotaron.

3. Años más tarde, ¿quién (iniciar) una nueva acción para dominar a los indios? (el gobierno federal)

   ¿Quién inició una nueva acción para dominar a los indios?

   El gobierno federal la inició.

4. ¿Quiénes (escuchar) los lamentos de los indios? (los oficiales del gobierno)

   ¿Quiénes escucharon los lamentos de los indios?

   Los oficiales del gobierno los escucharon.

5. ¿Quién (mandar) a los yaquis a Yucatán? (el gobierno federal)

   ¿Quién mandó a los yaquis a Yucatán?

   El gobierno federal los mandó a Yucatán.

6. ¿Quiénes (empezar) a recibir a los indios? (los terratenientes de la región)

   ¿Quiénes empezaron a recibir a los indios?

   Los terratenientes de la región empezaron a recibirlos.

7. ¿Quiénes (entregar) los indios a los ricos dueños? (unos oficiales)

   ¿Quiénes entregaron los indios a los ricos dueños?

   Unos oficiales los entregaron.

B **Una tarde aburrida.** ¿Qué hicimos tú y yo cuando llovió toda la tarde?

Modelo: no salir de casa / no asistir al partido de tenis
Yo no salí de casa. Tú no asististe al partido de tenis.

1. leer un libro / escribir cartas

   Yo leí un libro. Tú escribiste cartas.

2. meter una pizza al horno (*oven*) / repartir servilletas

   Yo metí una pizza al horno. Tú repartiste servilletas.

3. comer en la cocina / divertirse delante del televisor

   Yo comí en la cocina. Tú te divertiste delante del televisor.

4. concluir el libro / volver a escribir

   Yo concluí el libro. Tú volviste a escribir.

5. decidir hacer los deberes / construir un avión modelo

   Yo decidí hacer los deberes. Tú construiste un avión modelo.

6. corregir los errores / discutir algún problema por teléfono

   Yo corregí los errores. Tú discutiste algún problema por teléfono.

7. perder el bolígrafo / descubrirlo debajo del sofá

   Yo perdí el bolígrafo. Tú lo descubriste debajo del sofá.

8. aprender las fechas para la clase de historia / ofrecerse a ayudar

   Yo aprendí las fechas para la clase de historia. Tú te ofreciste a ayudar.

9. encender las luces / mover la lámpara a un mejor sitio

   Yo encendí las luces. Tú moviste la lámpara a un mejor sitio.

10. recibir un paquete del abuelo / abrirlo

    Yo recibí un paquete del abuelo. Tú lo abriste.

11. salir de la sala / esconder el contenido del paquete

    Yo salí de la sala. Tú escondiste el contenido del paquete.

C Repite el Ejercicio B usando los sujetos siguientes: *"Ramón, sus hermanos, nosotros"* y *"Ud."*

Modelo: *Ramón no salió de casa.*
Sus hermanos no asistieron al partido de tenis.
Nosotros no salimos de casa.
Ud. no asistió al partido de tenis.

1. Ramón leyó un libro. _____

   Sus hermanos escribieron cartas. _____

   Nosotros leímos un libro. _____

   Ud. escribió cartas. _____

2. Ramón metió una pizza al horno. _____

   Sus hermanos repartieron servilletas. _____

   Nosotros metimos una pizza al horno. _____

   Ud. repartió servilletas. _____

3. Ramón comió en la cocina. _____

   Sus hermanos se divirtieron delante del televisor. _____

   Nosotros comimos en la cocina. _____

   Ud. se divirtió delante del televisor. _____

4. Ramón concluyó el libro. _____

   Sus hermanos volvieron a escribir. _____

   Nosotros concluimos el libro. _____

   Ud. volvió a escribir. _____

5. Ramón decidió hacer los deberes. _____

   Sus hermanos construyeron un avión modelo. _____

   Nosotros decidimos hacer los deberes. _____

   Ud. construyó un avión modelo. _____

6. Ramón corrigió los errores.

   Sus hermanos discutieron algún problema por teléfono.

   Nosotros corregimos los errores.

   Ud. discutió algún problema por teléfono.

7. Ramón perdió el bolígrafo.

   Sus hermanos lo descubrieron debajo del sofá.

   Nosotros perdimos el bolígrafo.

   Ud. lo descubrió debajo del sofá.

8. Ramón aprendió las fechas para la clase de historia.

   Sus hermanos se ofrecieron a ayudar.

   Nosotros aprendimos las fechas para la clase de historia.

   Ud. se ofreció a ayudar.

9. Ramón encendió las luces.

   Sus hermanos movieron la lámpara a un mejor sitio.

   Nosotros encendimos las luces.

   Ud. movió la lámpara a un mejor sitio.

10. Ramón recibió un paquete del abuelo.

    Sus hermanos lo abrieron.

    Nosotros recibimos un paquete del abuelo.

    Ud. lo abrió.

11. Ramón salió de la sala.

    Sus hermanos escondieron el contenido del paquete.

    Nosotros salimos de la sala.

    Ud. escondió el contenido del paquete.

D **Primera visita a los Estados Unidos.** Un estudiante de intercambio describe los primeros días de su visita a los Estados Unidos. Cambia el relato al pretérito.

1. Compro el billete en Sevilla, pero tomo el avión en Málaga.

   Compré el billete en Sevilla, pero tomé el avión en Málaga.

2. Duermo un poco y converso con otros pasajeros.

   Dormí un poco y conversé con otros pasajeros.

3. Como durante el vuelo, pero no me gusta.

   Comí durante el vuelo, pero no me gustó.

4. El avión llega a Nueva York, pero debido al mal tiempo, aterrizamos en Boston.

   El avión llegó a Nueva York, pero debido al mal tiempo, aterrizamos en Boston.

5. Leo un poco de la historia y así comprendo la importancia de esta gran ciudad.

   Leí un poco de la historia y así comprendí la importancia de esta gran ciudad.

6. Yo practico la pronunciación de *Massachusetts* pero no la pronuncio bien.

   Yo practiqué la pronunciación de *Massachusetts* pero no la pronuncié bien.

7. Al día siguiente viajo en tren a Nueva York y miro el paisaje interesante.

   Al día siguiente viajé en tren a Nueva York y miré el paisaje interesante.

8. Asisto a un concierto que me gusta mucho.

   Asistí a un concierto que me gustó mucho.

9. Subo a la Estatua de la Libertad y veo un panorama fantástico.

   Subí a la Estatua de la Libertad y vi un panorama fantástico.

10. Asisto a clases durante nueve meses y vuelvo a España a fin de año.

    Asistí a clases durante nueve meses y volví a España a fin de año.

11. Es un año fenomenal.

    Fue un año fenomenal.

E **Un accidente al lado de la escuela.** El mes pasado hubo un accidente en el estacionamiento del colegio. ¡Cuánta confusión! ¡Mucho movimiento, gritos y espanto! ¡Un verdadero follón! Llenando los espacios con el verbo indicado, expresa en el pretérito lo que pasó.

Modelo: Dos coches _____ ayer al mediodía. (chocar)
Dos coches chocaron ayer al mediodía.

1. Al principio _____hubo_____ mucha confusión. (haber)

2. Los pasajeros de enfrente _____dieron_____ con el parabrisas. (dar)

3. Yo no _____pude_____ abrir la puerta de mi lado. (poder)

4. Una profesora _____fue_____ al teléfono y _____llamó_____ por una ambulancia. (ir / llamar)

5. Solamente _____vino_____ una ambulancia porque la profesora no _____se dio_____ cuenta de que seis chicos estaban heridos. (venir / darse)

6. Por cierto, todos no _____cupieron_____ en un sólo vehículo. (caber)

7. _____Fue_____ necesario llamar por dos ambulancias más. (ser)

8. Los socorristas _____tuvieron_____ que dar primeros auxilios. (tener)

9. Todo el mundo _____quiso_____ ayudar en alguna forma. (querer)

10. Unos, tratando de ayudar, _____trajeron_____ hielo y toallas del Departamento de Economía Doméstica. (traer)

11. Nuestros compañeros _____recogieron_____ nuestras pertenencias y las _____pusieron_____ en la oficina central. (recoger / poner)

12. Cuando los padres _____supieron_____ del accidente, _____vinieron_____ corriendo a vernos en el hospital. (saber / venir)

F **¿Fue ayer un buen día?** ¿Qué hicieron estas personas? En tu opinión, ¿lo pasaron bien? Construye oraciones lógicas, escogiendo ideas de cada lista.

Yo	romper	el examen difícil de física
Tú	tomar	los cristales de la ventana
Mi primo	esconder	un dolor de cabeza
Nosotros	dirigir	el coro de la presentación teatral
Los oficiales	sufrir	(a) los chicos agresivos
Ustedes	proteger	récord del campeón
	aplaudir	el dinero robado del banco

Answers will vary.

1. _____

2. _____

3. _____

4. _____

5. _____

G **Y tú, ¿qué dices?** ¿Lo pasaste bien ayer? Relata cinco eventos de ayer y di si te gustaron o no. Trata de decir por qué.

Answers will vary.

1. _____
   _____

2. _____
   _____

3. _____
   _____

4. _____
   _____

5. _____
   _____

El imperfecto

H **Vacaciones en Colorado.** En la reunión familiar para celebrar el Día de Acción de Gracias, todos recuerdan sus vacaciones pasadas. Hablan de dos acciones que ocurrían al mismo tiempo.

> **Modelo:** **Mientras todos (vivir) juntos, (ir) a Colorado cada verano.**
> *Mientras todos vivíamos juntos, íbamos a Colorado cada verano.*

1. Mientras Papá (conducir) los demás (hablar) y (cantar),

   Mientras Papá conducía, los demás hablaban y cantaban.

2. Mientras Papá (ir) a 55 millas por hora, Mamá no (quejarse).

   Mientras Papá iba a 55 millas por hora, Mamá no se quejaba.

3. Mientras ellos (escuchar) las noticias en la radio, mis hermanos y yo (escuchar) nuestros cassettes.

   Mientras ellos escuchaban las noticias en la radio, mis hermanos y yo escuchábamos

   nuestros cassettes.

4. Mientras (nosotros viajar) en plan familiar, (pasar) las noches en moteles con piscina.

   Mientras viajábamos en plan familiar, pasábamos las noches en moteles con piscina.

5. Mientras (nosotros pasar) por Texas, (sufrir) de calor.

   Mientras pasábamos por Texas, sufríamos de calor.

6. Mientras (nosotros subir) las montañas, (poder) ver paisajes formidables.

   Mientras subíamos las montañas, podíamos ver paisajes formidables.

7. Mientras (nosotros acampar) en los parques nacionales, (dormir) en bolsas de dormir.

   Mientras acampábamos en los parques nacionales, dormíamos en bolsas de dormir.

8. Mientras Papá nos (llevar) a pescar, Mamá (entretenerse) buscando artesanías.

   Mientras Papá nos llevaba a pescar, Mamá se entretenía buscando artesanías.

9. Mientras (nosotros cenar) al aire libre, unos venados (acercarse) para buscar comida.

   Mientras cenábamos al aire libre, unos venados se acercaban para buscar comida.

Los usos del pretérito y el imperfecto

I **Una enfermedad prolongada.** Hace unos años yo tuve la fiebre reumática. Tuve que guardar cama durante más de cuatro meses. Afortunadamente, mis amigos no se olvidaron de mí. Completa el relato con las formas apropiadas del pretérito o el imperfecto.

Una noche cuando yo (tener) **(1)** ___tenía___ ocho años,

(enfermarme) **(2)** ___me enfermé___ de repente. Mis padres

(tener) **(3)** ___tuvieron___ que llamar al médico que (querer) **(4)** ___quiso___

verme en el hospital en seguida. Mientras mis padres (llevarme) **(5)** ___me llevaban___

al hospital, (sentirme) **(6)** ___me sentía___ muy mal y

(tener) **(7)** ___tenía___ mucha fiebre. Los enfermeros

(llevarme) **(8)** ___me llevaron___ a una sala pequeña donde

(examinarme) **(9)** ___me examinaron___ , (hacerme) **(10)** ___me hicieron___

muchas preguntas y (sacarme) **(11)** ___me sacaron___ sangre.

Yo (tener) **(12)** ___tenía___ miedo porque no (saber) **(13)** ___sabía___

qué (pasar) **(14)** ___pasaba___ . Yo (estar) **(15)** ___estaba___

muy confuso. Después que el Dr. Morales (llegar) **(16)** ___llegó___

y (estudiar) **(17)** ___estudió___ los resultados de los análises,

(tratar) **(18)** ___trató___ de consolarme. Él (decir) **(19)** ___dijo___

que no (haber) **(20)** ___había___ peligro si yo (estar) **(21)** ___estaba___

dispuesto a seguir sus órdenes. Yo (decirle) **(22)** ___le dije___

que sí porque (querer) **(23)** ___quería___ jugar con mi nueva bicicleta.

Él (felicitarme) **(24)** ___me felicitó___ y (recetarme) **(25)** ___me recetó___

unas medicinas. Después unos ayudantes (llevarme) **(26)** ___me llevaron___

a mi cuarto donde una enfermera (darme) **(27)** ___me dio___ una pastilla.

En poco tiempo (dormirme) **(28)** ___me dormí___ profundamente.

Durante esos días yo (mirar) (29) _____ miraba _____ mucho la tele, pero yo

(estar) (30) _____ estaba _____ aburrido porque no (gustarme) (31) _____ me gustaban _____

las telenovelas y no (poder) (32) _____ podía _____ incorporarme en la cama. Todos los días

mis amigos (venir) (33) _____ venían _____ a verme y (decirme) (34) _____ me decían _____

lo que (hacer) (35) _____ hacían _____ en clase. Una tarde la profesora

(visitarme) (36) _____ me visitó _____ y (traerme) (37) _____ me trajo _____ un aparato

telefónico que (permitirme) (38) _____ me permitía _____ participar en las actividades de ciertas clases.

Yo (estar) (39) _____ estuve _____ en el hospital por dos semanas y luego

(ir) (40) _____ fui _____ a casa, pero no (poder) (41) _____ podía _____

caminar. (Guardar) (42) _____ Guardé _____ cama durante cuatro meses. Cuando

(levantarme) (43) _____ me levanté _____ (estar) (44) _____ estaba _____ muy débil.

Yo (perder) (45) _____ perdí _____ muchas clases y trabajos, pero

no (perder) (46) _____ perdí _____ a ningún amigo porque ellos

(ser) (47) _____ fueron _____ muy fieles. (Hablarme) (48) _____ Me hablaban _____

por teléfono regularmente y yo (recibir) (49) _____ recibí _____ muchas tarjetas,

libros y otros regalos. Lo más importante es que (poder) (50) _____ pude _____

continuar con todos mis intereses felizmente.

J **¿Una vez o muchas veces?** Completa las ideas siguientes con el pretérito o el imperfecto. Atención a las indicaciones ofrecidas.

Modelo: **En aquella época / yo / (estudiar) el sistema jurídico**
Una semana en París / él

En aquella época yo estudiaba el sistema jurídico.
Una semana en París él estudió el sistema jurídico.

1. Ayer / yo / (conocer) a los Sres. Puig
Durante muchos años / nosotros nos

   Ayer yo conocí a los Sres. Puig.

   Durante muchos años nos conocíamos.

2. Siempre / tú / (ir) al centro en autobús
Una vez / yo

   Siempre tú ibas al centro en autobús.

   Una vez yo fui al centro en autobús.

3. Cada mañana / nosotros / (salir) de casa sin comer
Esta mañana / Felipe

   Cada mañana salíamos de casa sin comer.

   Esta mañana Felipe salió de casa sin comer.

4. Esta tarde / el profesor / (venir) a verme
Todas las tardes / los chicos

   Esta tarde el profesor vino a verme.

   Todas las tardes los chicos venían a verme.

5. Hoy al mediodía / tú / (oír) las noticias por radio
Muchas veces / Ud.

   Hoy al mediodía tú oíste las noticias por radio.

   Muchas veces Ud. oía las noticias por radio.

6. Por la tarde / yo / (estar) en tu casa
Por diez minutos / Carlos

   Por la tarde, yo estaba en tu casa.

   Por diez minutos Carlos estuvo en tu casa.

El pretérito de los verbos irregulares

K Escribe las frases siguientes en el pretérito.

1. ¿Oyes el sonido del tren?

   ¿Oíste el sonido del tren?

2. Leo cuentos de fantasía e ilusión.

   Leí cuentos de fantasía e ilusión.

3. ¡Pobre Felipe! Se cae en la escalera.

   ¡Pobre Felipe! Se cayó en la escalera.

4. ¿Cree Antonio los chismes que sus amigos le relatan?

   ¿Creyó Antonio los chismes que sus amigos le relataron?

5. Mis hermanos no pueden hacerlo.

   Mis hermanos no pudieron hacerlo.

6. ¿Cuándo vienen al colegio?

   ¿Cuándo vinieron al colegio?

7. En el invierno, Ana se pone un suéter.

   En el invierno, Ana se puso un suéter.

8. ¿Quiénes andan por el parque en la primavera?

   ¿Quiénes anduvieron por el parque en la primavera?

9. No sé si está presente o no.

   No supe si estuvo presente o no.

10. Ella no quiere llamar a su novio.

    Ella no quiso llamar a su novio.

11. Los actores leen el drama.

    Los actores leyeron el drama.

12. Ernesto hace sus tareas en casa.

    Ernesto hizo sus tareas en casa.

L **Interrupciones inesperadas.** Algunas personas se ocupaban en alguna forma cuando fueron interrumpidas por otros y probablemente fueron forzadas a abandonar sus actividades originales. Escribe las frases indicadas por los números de abajo, escogiendo de las cuatro listas.

Modelo: 1-1-1-1

Papá dormía cuando los peques gritaron muy fuerte.

1. Papá	1. dormir	1. los peques	1. gritar muy fuerte
2. Mamá	2. hacer crucigramas	2. tú	2. entrar corriendo
3. yo	3. leer las noticias	3. Raquel	3. llamar por teléfono
4. nosotros	4. ir a salir	4. la vecina	4. traer flores del jardín

(a) 1-3-4-3

Papá leía las noticias cuando la vecina llamó por teléfono.

(b) 2-4-3-2

Mamá iba a salir cuando Raquel entró corriendo.

(c) 3-1-2-1

Yo dormía cuando tú gritaste muy fuerte.

(d) 4-2-1-3

Nosotros hacíamos crucigramas cuando los peques llamaron por teléfono.

(e) 3-4-3-4

Yo iba a salir cuando Raquel trajo flores del jardín.

La *a* personal

M Pon una *a* en el espacio si es necesario.

1. La chica busca _____a_____ su compañera de clase.

2. ¿Quiénes van a buscar _____ las cartas perdidas?

3. Rosa no saludó _____a_____ sus parientes.

4. Casi nunca visito _____a_____ mi tía María.

5. Tenemos _____ tres primos.

CUADRO

5

LA LEYENDA

PRIMERA LECTURA

Leyenda de la Torre del Oro

La famosa torre sevillana, que tiene gran prestigio en la tradición de la leyenda, conserva el recuerdo de sus airosas morunas, como las de una sultana que aguardaba una cita amorosa en la ribera del Guadalquivir. Toma el nombre de "Oro" porque de ese color eran los cabellos de una dama bellísima, a quien el rey don Pedro tuvo encerrada en la torre, aprovechando la ocasión de que el marido de la dama estaba en la guerra.

La dama de los cabellos de oro, por guardarse bien de las tentaciones del mundo, se había encerrado en un convento, aguardando la vuelta del marido para dejar la clausura.

Sucedió que el rey, para el cual no había clausura en los conventos, vio un día a la dama de la cabellera de oro, cuyas trenzas, por lo abundante, no podía ocultar en la toca monjil, y se enamoró de ella. Era una santa la monja y se consideró perdida porque don Pedro era un hombre que lo que quería, hacía, y valiéndose de la fuerza que le daba ser el rey, la sacó del convento y la encerró en la torre.

La dama no pensó jamás en quitarse la vida, pero sí en sacrificar su hermosura. Lo primero que hizo fue cortarse su bellísima cabellera, de aquel oro tan codiciado por el rey, y después pensó en arrojarse a la cara un frasco de vitriolo.

La dama estaba tan bien guardada en la torre, que le fue imposible adquirir el vitriolo, y como se valiese de una mujer que estaba a su cuidado para conseguirlo, ésta, en lugar de proporcionárselo, se lo contó todo al rey don Pedro. El monarca se puso furioso al conocer la horrible resolución de la prisionera. Abusó de la pobre dama indefensa, y ésta volvió al convento: pero no a esperar a su marido, sino la muerte, que no tardó en llegar, y que fue más humana que don Pedro.

El marido no llegó a verla ni viva ni muerta. Agraviado y ansioso de venganza, fue a reunirse con "el Bastardo", un hermano de don Pedro, cuando los dos hermanos se hacían una guerra de exterminio.

El fin de don Pedro fue desastroso, como todos sabemos.

Comprensión

Contesta en frases completas.

1. ¿En qué ciudad tiene lugar esta leyenda?

   Esta leyenda tiene lugar en la ciudad de Sevilla.

2. ¿Por qué se llama la torre, la Torre del Oro?

   Se llama así porque eran de color dorado los cabellos de una dama bellísima.

3. ¿Por qué se había encerrado la dama en el convento?

La dama se había encerrado en el convento por guardarse bien de las tentaciones del mundo.

4. ¿Por qué se consideró perdida la dama?

Don Pedro era el rey y lo que él quería se hacía.

5. ¿Cómo pensaba la dama sacrificar su hermosura?

La dama pensaba cortarse el pelo y arrojarse a la cara un frasco de vitriolo.

6. ¿Quién le contó todo al rey don Pedro?

Una mujer que estaba al cuidado de la dama le contó todo al rey.

7. ¿Qué pasó cuando el marido volvió de la guerra?

Cuando el marido volvió de la guerra se reunió con el hermano de don Pedro en una guerra

de exterminio.

SEGUNDA LECTURA

La conquista de los incas

Cuando Francisco Pizarro y los españoles llegaron al Perú en 1532, encontraron un imperio grande y riquísimo de indios llamados los incas. Su imperio incluía lo que hoy es el norte de Chile y la Argentina, Bolivia, el Perú y el Ecuador. El centro de su dominio fue Cuzco, la ciudad sagrada donde vivía el Sapa Inca o el jefe. Estos indios habían construido su imperio sobre las ruinas de otras culturas anteriores y establecido un gobierno basado sobre su religión. Construían templos y muros de enormes piedras unidas sin cemento o argamasa. Tenían un buen sistema de caminos, fortalezas y puentes colgantes sobre los ríos. Todo esto sigue sorprendiendo a los arqueólogos porque los indios no tenían medios de transporte, instrumentos de acero, ni sabían usar la rueda.

Atahualpa era entonces el Inca, jefe del gobierno y dios adorado por los indios. Creyó que los incas podían derrotar fácilmente a los españoles porque había muy pocos de ellos. Además los consideraba perezosos porque no andaban a pie sino montados en unas ovejas grandes que llamaban "caballos".

Pizarro tomó a Atahualpa prisionero y los españoles mataron a miles de indios. Pizarro exigió que el Inca le diera grandes cantidades de oro y plata. Atahualpa dio órdenes que los indios llenaran de oro un cuarto que medía veintidós pies de ancho por diecisiete pies de largo. Pero después de recibir el oro, Pizarro mandó que mataran al Inca.

Comprensión

Contesta en frases completas.

1. ¿Cómo era el imperio de los incas al llegar los españoles?

   El imperio de los incas era grande y riquísimo.

2. ¿Qué ciudad sagrada era el centro del dominio incaico?

   Cuzco era la ciudad sagrada que era el centro del dominio incaico.

3. ¿Por qué se sorprendieron tanto los arqueólogos cuando consideraban los conocimientos arquitecturales de los incas?

   Los arqueólogos se sorprendieron cuando consideraban los conocimientos arquitecturales de

   los incas, porque los indios no tenían medios de transporte, ni instrumentos de acero, ni sabían

   usar la rueda.

4. ¿Quién era el jefe del gobierno de los incas en 1532?

   Atahualpa era el jefe del gobierno de los incas en 1532.

5. ¿Por qué consideraban perezosos los indios a los conquistadores?

   Los indios consideraban perezosos a los conquistadores porque no andaban a pie sino montados

   a caballo.

6. ¿Qué órdenes dio el Inca supremo para efectuar su rescate?

   El inca supremo dio órdenes para que llenaran de oro un cuarto grande para efectuar su rescate.

7. Después de recoger el oro prometido, ¿qué le pasó a Atahualpa?

   Atahualpa fue matado (asesinado).

ESTRUCTURA

por y para

A Completa con *por* o *para*.

1. Tomo una taza de café en una taza _____**para**_____ café.

2. Luis va a estar en México _____**por**_____ un mes.

3. El hombre andaba rápidamente _____**por**_____ la calle.

4. ¡_____**Por**_____ Dios! ¿Quién cometió tal crimen?

5. Le voy a pagar cinco mil dólares _____**por**_____ su automóvil.

6. Estos dos libros fueron escritos _____**por**_____ el mismo autor.

7. Estaremos allí _____**para**_____ el domingo.

8. _____**Por**_____ la noche las estrellas brillan en el cielo.

9. Cuando vas a Lima, ¿viajas _____**por**_____ avión?

10. No conoces bien este pueblo _____**por**_____ vivir aquí tanto tiempo.

11. Vaya _____**por**_____ el libro en seguida.

12. Le compré un abanico _____**para**_____ su cumpleaños.

13. El vestido estará listo _____**para**_____ mañana.

14. _____**Por**_____ tener calor, se quitó el abrigo.

15. Como mi mamá estaba enferma, fui _____**por**_____ el médico.

16. El soldado inca luchó _____**por**_____ la libertad de su monarca.

17. Como el jefe inca pidió el oro, los indios hicieron un esfuerzo _____**por**_____ él.

18. La orden fue leída _____**por**_____ un chasqui.

19. Muchos obedecieron _____**por**_____ miedo.

20. Ima salió corriendo _____**para**_____ no entregar la urna.

21. Rezaron _____**por**_____ varias horas.

22. Aburridos y tristes, los niños miraron la lluvia _____**por**_____ la ventana.

23. Unos dicen que les pagaron poco _____**por**_____ su trabajo.

24. Los padres no compraron dulces _____**para**_____ los niños.

25. Voy a la tienda _____**para**_____ comprar huevos.

El subjuntivo con expresiones impersonales

B Combina los elementos de las distintas columnas para formar ideas lógicas y conformes con las leyendas leídas. Construye tus frases según los números indicados.

Modelo: 1-1-3
Es posible que don Raimundo se dirija a la iglesia.

1. Es imposible	1. don Raimundo	1. recoger el oro y la plata
2. No es probable	2. el sobrino	2. saber del rescate
3. Es dudoso	3. el Alcalde Mayor	3. dirigirse a la iglesia
4. Es una lástima	4. el conquistador	4. casarse con Margarita
5. Es probable	5. el jefe de la caravana	5. matar al Inca
6. Es posible	6. los sayones	6. obligarla a confesar
7. Es cierto	7. el chasqui	7. golpear a la vieja

(a) 1-2-4 Es imposible que el sobrino se case con Margarita.

(b) 2-6-7 No es probable que los sayones golpeen a la vieja.

(c) 3-3-6 Es dudoso que el Alcalde Mayor la obligue a confesar.

(d) 4-4-5 Es una lástima que el conquistador mate al Inca.

(e) 5-5-1 Es probable que el jefe de la caravana recoja el oro y la plata.

(f) 6-7-2 Es posible que el chasqui sepa del rescate.

(g) 7-1-3 Es cierto que don Raimundo se dirige a la iglesia.

El presente perfecto

C **Los administradores en la reunión mensual.** La compañía Mejoprosa (Mejores Productos, Sociedad Anónima) produce artículos que se venden por todo el hemisferio. En la reunión mensual los jefes de distintos departamentos dan su reportaje al Sr. Presidente.

Modelo: Presidente: Personal, ¿han mirado Uds. las estadísticas de asistencia?
Jefe de Personal: Sí, las hemos mirado y han sido buenas.

1. Ventas, ¿ha traído Ud. el estudio de ventas nacionales? (amplio y completo)

   Sí, lo he traído y ha sido amplio y completo.

2. Finanzas, ¿ha visto Ud. la lista de ganancias y pérdidas del trimestre pasado? (las mejores del año)

   Sí, la he visto y han sido las mejores del año.

3. Relaciones Públicas, ¿ha hecho Ud. las contribuciones a los grupos cívicos? (bastante generosas)

   Sí, las he hecho y han sido bastante generosas.

4. Compras, ¿ha dicho Ud. que las cifras muestran que los gastos son menores que el trimestre anterior? (bastante reducidos)

Sí, lo he dicho y han sido bastante reducidos.

5. Publicidad, ¿ha escrito Ud. que la nueva campaña publicitaria ha tenido éxito? (increíblemente buena)

Sí, lo he escrito y ha sido increíblemente buena.

6. Producción, ¿ha puesto Ud. las cifras actuales de producción de esta fábrica donde los trabajadores puedan verlas? (muy buena reacción)

Sí, las he puesto y han tenido muy buena reacción.

7. Finanzas, en su reportaje ¿ha cubierto Ud. los detalles de la expansión de su departamento? (detallados y prometedores)

Sí, los he cubierto y han sido detallados y prometedores.

D **Reflexionando sobre Rosa Leyes.** Completa las siguientes frases empleando el tiempo compuesto según la indicación.

Modelo: Es posible que Rosa Leyes (correr ese caballo por el prado)
Es posible que Rosa Leyes haya corrido ese caballo por el prado.

1. Es posible que Rosa Leyes (fumar una pipa)

Es posible que Rosa Leyes haya fumado una pipa.

2. Es improbable que tú (componer otros versos sentimentales)

Es improbable que tú hayas compuesto otros versos sentimentales.

3. Es dudoso que yo (decir cosas de desprecio)

Es dudoso que yo haya dicho cosas de desprecio.

4. Es verdad que tú y yo (ver las flores en su tumba)

Es verdad que tú y yo hemos visto las flores en su tumba.

5. Es increíble que Alberto Cortez (escribir el cuento en poco tiempo)

Es increíble que Alberto Cortez haya escrito el cuento en poco tiempo.

6. Es cierto que los señores (poner unas monedas sobre su tumba)

Es cierto que los señores han puesto unas monedas sobre su tumba.

7. Es una lástima que Rosa Leyes (morirse)

Es una lástima que Rosa Leyes se haya muerto.

El pluscuamperfecto y los participios pasados irregulares

E En las oraciones que siguen, cambia el verbo del pretérito al pluscuamperfecto.

Modelo: Jugué fútbol con los otros de la vecindad.
Había jugado fútbol con los otros de la vecindad.

1. Abrieron las puertas de la botica muy temprano.

   Habían abierto las puertas de la botica muy temprano.

2. ¿Quién dijo un chiste tan ridículo?

   ¿Quién había dicho un chiste tan ridículo?

3. No sabía quién escribió la carta.

   No sabía quién había escrito la carta.

4. ¿Cuál de ustedes hizo el error?

   ¿Cuál de ustedes había hecho el error?

5. Uno de los niños rompió la máquina.

   Uno de los niños había roto la máquina.

6. Mi hermana vio todas las películas con ese actor.

   Mi hermana había visto todas las películas con ese actor.

7. ¿A qué hora volvieron ustedes del museo?

   ¿A qué hora habían vuelto ustedes del museo?

8. Cuando freímos las papas, un olor delicioso permaneció en la cocina.

   Cuando habíamos frito las papas, un olor delicioso permaneció en la cocina.

9. Los turistas llegaron anoche.

   Los turistas habían llegado anoche.

10. Los alumnos trajeron los libros.

    Los alumnos habían traído los libros.

11. Paco puso el libro en el estante.

    Paco había puesto el libro en el estante.

12. La enfermedad era tan grave que el hombre se murió hace unos días.

    La enfermedad era tan grave que el hombre se había muerto hace unos días.

Repaso de tiempos verbales

F Para cada verbo, da la forma apropiada de los tiempos indicados según el modelo.

Modelo: cantar (yo)
canto (presente)   *estoy cantando* (presente progresivo)
canté (pretérito)   *había cantado* (pluscuamperfecto)
cantaba (imperfecto)   *cante* (presente de subjuntivo)

1. escoger (tú)

escoges

escogiste

escogías

estás escogiendo

habías escogido

escojas

2. seguir (él)

sigue

siguió

seguía

está siguiendo

había seguido

siga

3. empezar (nosotros)

empezamos

empezamos

empezábamos

estamos empezando

habíamos empezado

empecemos

4. reírse (ellos)

se ríen

se rieron

se reían

están riéndose

se habían reído

se rían

5. romper (Ud.)

rompe

rompió

rompía

está rompiendo

había roto

rompa

6. traer (vosotros)

traéis

trajisteis

traíais

estáis trayendo

habíais traído

traigáis

CUADRO

6

SENTIMIENTOS Y PASIONES

PRIMERA LECTURA

Varios efectos del amor

Desmayarse, atreverse, estar furioso,
áspero, tierno, liberal esquivo,
alentado, mortal, difunto, vivo,
leal, traidor, cobarde, animoso.

No hallar, fuera del bien, centro y reposo,
mostrarse alegre, triste, humilde, altivo,
enojado, valiente, fugitivo,

Huir el rostro al claro desengaño,
beber veneno por licor suave,
olvidar el provecho, amar el daño:

Creer que un cielo en un infierno cabe;
dar la vida y el alma a un desengaño;
esto es amor. ¡Quien lo probó lo sabe!

Félix Lope de Vega y Carpio

Comprensión

Contesta en frases completas las siguientes preguntas.

1. ¿Cuál es la idea principal de este poema?

   El amor tiene varios efectos.

2. Menciona algunos efectos del amor que son positivos, es decir, efectos que contribuyen a la alegría del enamorado.

   Algunos efectos del amor que son positivos: tierno, animoso, lealtad, reposo.

3. Menciona algunos efectos del amor que contribuyen a la tristeza del enamorado.

   Algunos efectos del amor que contribuyen a la tristeza del enamorado: desmayarse, estar furioso,

   áspero, altivo, difunto, triste, enojado.

4. En el poema, busca sinónimos de las siguientes palabras:

    (a) muerto ___difunto___   **(d)** enfadado ___enojado___

    (b) descanso ___reposo___   **(e)** tomar ___beber___

    (c) feliz ___alegre___

5. En el poema, busca antónimos de las siguientes palabras.

    (a) agradecido ___áspero___   **(d)** feliz ___triste___

    (b) vivo ___difunto___   **(e)** altivo ___humilde___

    (c) contento ___enojado___   **(f)** áspero ___tierno___

6. Explica en tus propias palabras el significado de la frase "beber veneno por licor suave".

    Answers will vary.

    Some examples:

    Por estar enamorado, todo parece bueno.

    Aceptar lo que el amor te ofrezca sin protestar.

SEGUNDA LECTURA

Poema 20

Puedo escribir los versos más tristes esta noche.

Escribir, por ejemplo: "La noche está estrellada,
    y tiritan, azules, los astros, a lo lejos".

Puedo escribir los versos más tristes esta noche.
Yo la quise, y a veces ella también me quiso.

En las noches como ésta la tuve en mis brazos.
La besé tantas veces bajo el cielo infinito.

Ella me quiso, a veces yo también la quería.
¡Cómo no haber amado sus grandes ojos fijos!

Puedo escribir los versos más tristes esta noche.
Pensar que no la tengo. Sentir que la he perdido.

Oír la noche inmensa, más inmensa sin ella.
Y el verso cae al alma como al pasto el rocío.

¡Qué importa que mi amor no pudiera guardarla!
La noche está estrellada y ella no está conmigo.

Eso es todo. A lo lejos alguien canta. A lo lejos.
Mi alma no se contenta con haberla perdido.

Como para acercarla mi mirada la busca.
Mi corazón la busca, y ella no está conmigo.

La misma noche que hace blanquear los mismos árboles.
Nosotros, los de entonces, ya no somos los mismos.

Ya no la quiero, es cierto, pero cuánto la quise.
Mi voz buscaba el viento para tocar su oído.

De otro. Será de otro. Como antes mis besos.
Su voz, su cuerpo claro. Sus ojos infinitos.

Ya no la quiero, es cierto, pero tal vez la quiero.
Es tan corto el amor, y es tan largo el olvido.

Porque en noches como ésta la tuve en mis brazos,
mi alma no se contenta con haberla perdido.

Aunque éste sea el último dolor que ella me causa,
y éstos sean los últimos versos que yo le escribo.

Pablo Neruda

Comprensión

A Contesta en frases completas las siguientes preguntas.

1. ¿Qué línea se repite tres veces en el poema?

   Puedo escribir los versos más tristes esta noche.

2. Cuando el poeta se refiere a "ella", ¿de quién está hablando?

   El poeta se refiere a la mujer a quién quería.

3. ¿Cómo está la noche cuando el poeta está escribiendo sus versos?

   La noche estaba estrellada.

4. ¿Qué será el último dolor que ella le causa?

   El último dolor que ella le causa es que el poeta la ha perdido.

5. ¿De quién es ahora el amor que conocía el poeta?

   El amor que conocía el poeta es ahora de otro.

6. ¿Qué símil emplea el poeta para describir cómo sus versos caen al alma?

   El símil es "como al pasto el rocío".

7. ¿Qué adjetivo usa el poeta para describir el cuerpo de su amor? ¿Los ojos?

   El cuerpo de su amor es "claro", y sus ojos "infinitos".

8. Resume por qué el poeta está tan triste.

   El poeta está tan triste porque ha perdido el amor de la que lo había hecho tan feliz.

   _____

B Indica con un círculo alrededor de la letra apropiada si la frase es verdadera (V) o falsa (F).

1. (V) F   El viento está cantando.

2. V (F)   El poeta está envuelto de alegría.

3. V (F)   El cielo está cubierto de nubes.

4. (V) F   El autor siente que ha perdido su amor.

5. (V) F   "Ella" no está con el poeta.

6. V (F)   Los amantes son los mismos hoy como ayer.

7. V (F)   Según el poeta, el amor es más largo que el olvido.

8. V (F)   El poeta piensa escribirle más versos a su amor.

ESTRUCTURA

A **Los berrinches (*temper tantrums*) de Margarita.** Margarita es una chica mimada, acostumbrada a salirse con la suya (*get her own way*). Aquí hay ejemplos de su fuerte carácter. Exprésalos cambiando el verbo principal del presente perfecto al futuro.

1. Ha tirado un libro a su hermano.

   Tirará un libro a su hermano.

2. Ha gritado con toda la fuerza de sus pulmones (*at the top of her lungs*).

   Gritará con toda la fuerza de sus pulmones.

3. Ha dado patadas (*kicks*) a todos.

   Dará patadas.

4. Se ha negado a comer.

   Se negará a comer.

5. Ha escondido los juguetes de los peques.

   Esconderá los juguetes de los peques.

6. Ha golpeado las puertas.

   Golpeará las puertas.

7. Ha llorado y sollozado.

   Llorará y sollozará.

8. Ha escrito cartas acusatorias a su amiga.

   Escribirá cartas acusatorias a su amiga.

9. Ha roto la guitarra de su padre.

   Romperá la guitarra de su padre.

10. Se ha encerrado en su dormitorio.

    Se encerrará en su dormitorio.

11. Ha dejado de respirar.

    Dejará de respirar.

12. Se ha portado muy mal.

    Se portará muy mal.

El futuro de los verbos irregulares

B Emplea el futuro en la cláusula dependiente de las siguientes frases.

Modelo: **Marisa dice que (venir al aeropuerto)**
Marisa dice que vendrá al aeropuerto.

1. Mamá promete que (hacer algo bueno de comer)

   Mamá promete que hará algo bueno de comer.

2. La secretaria indica que (no caber todo en un sobre)

   La secretaria indica que no cabrá todo en un sobre.

3. El jefe dice que (querer consultar con nosotros)

   El jefe dice que querrá consultar con nosotros.

4. Mi abuelo escribe que (decirnos algo de mucha importancia)

   Mi abuelo escribe que nos dirá algo de mucha importancia.

5. Nuestros amigos telefonean que (valer la pena ver aquella película)

   Nuestros amigos telefonean que valdrá la pena ver aquella película.

6. El empleado promete que (salir temprano de la oficina)

   El empleado promete que saldrá temprano de la oficina.

7. El director dice que (buscarnos en la entrada principal)

   El director dice que nos buscará en la entrada principal.

8. Alberto llama que (no poder vernos hasta el lunes)

   Alberto llama que no podrá vernos hasta el lunes.

9. Mi amiga escribe que (no saber detalles de la boda)

   Mi amiga escribe que no sabrá detalles de la boda.

10. El carpintero dice que (no hacer el trabajo hasta la semana próxima)

    El carpintero dice que no hará el trabajo hasta la semana próxima.

C Ahora, cambia las diez frases de Ejercicio B al pasado.

Modelo: *Marisa dijo que vendría al aeropuerto.*

1. ___ Mamá prometió que haría algo bueno de comer. ___

2. ___ La secretaria indicó que no cabría todo en un sobre. ___

3. ___ El jefe dijo que querría consultar con nosotros. ___

4. ___ Mi abuelo escribió que nos diría algo de mucha importancia. ___

   _____

5. ___ Nuestros amigos telefonearon que valdría la pena ver aquella película. ___

   _____

6. ___ El empleado prometió que saldría temprano de la oficina. ___

   _____

7. ___ El director dijo que nos buscaría en la entrada principal. ___

   _____

8. ___ Alberto llamó que no podría vernos hasta el lunes. ___

   _____

9. ___ Mi amiga escribió que no sabría detalles de la boda. ___

   _____

10. ___ El carpintero dijo que no haría el trabajo hasta la semana próxima. ___

   _____

D **¿Cómo seríamos?** Vamos a considerar cómo unas condiciones diferentes nos cambiarían.

Modelo: **Con dos horas más cada día, ¿qué podrían hacer?**
Mis padres (jugar) al golf con sus compañeros del club.
Mis padres jugarían al golf con sus compañeros del club.

1. Con dos horas más cada día, ¿qué podrían hacer?

   (a) Mi madre (trabajar) en el jardín.

   Mi madre trabajaría en el jardín.

   (b) Yo (estudiar) mucho más con la esperanza de recibir una beca (*scholarship*).

   Yo estudiaría mucho más con la esperanza de recibir una beca.

(c) Nosotros (pasar) mucho más tiempo juntos.

Nosotros pasaríamos mucho más tiempo juntos.

(d) Uds. (escribir) cartas a todos los amigos.

Uds. escribirían cartas a todos los amigos.

(e) Tú (dormir) una siesta al mediodía.

Tú dormirías una siesta al mediodía.

2. Con cincuenta dólares más, ¿qué podrían hacer?

(a) Yo (comprar) un suéter para llevar a la reunión del viernes.

Yo compraría un suéter para llevar a la reunión del viernes.

(b) Mamá (ir) a ver una revista musical.

Mamá iría a ver una revista musical.

(c) Tú (arreglar) los frenos de tu coche.

Tú arreglarías los frenos de tu coche.

(d) Nosotros (volver) a patinar sobre hielo.

Nosotros volveríamos a patinar sobre hielo.

(e) Mi hermano (ir) al cine con su novia.

Mi hermano iría al cine con su novia.

3. Con mil dólares, ¿adónde irían?

(a) Tú (volar) en el Concord a Londres.

Tú volarías en el Concord a Londres.

(b) Yo (llevar) a toda la familia a Costa Rica.

Yo llevaría a toda la familia a Costa Rica.

(c) Pedro (volver) a las playas negras de Hawaii.

Pedro volvería a las playas negras de Hawaii.

(d) Tú y yo (divertirnos) en las exhibiciones del Centro Epcot.

Tú y yo nos divertiríamos en las exhibiciones del Centro Epcot.

(e) Las chicas (seguir) gozando los desfiles de modas en París.

Las chicas seguirían gozando los desfiles de modas en París.

E Escribe cinco frases originales diciendo lo que harías en distintas condiciones.

   Modelo: *Con la aprobación de mis padres, llegaría tarde a casa.*

   Answers will vary.

1. _____
   _____

2. _____
   _____

3. _____
   _____

4. _____
   _____

5. _____
   _____

El futuro de probabilidad

F Cambia las siguientes frases al futuro de probabilidad.

   Modelo: **¿Adónde piensan ir a pasar las vacaciones?**
   ¿Adónde irán a pasar las vacaciones?

1. Probablemente van a México.

   Irán a México.

2. Piensan alojarse con unos parientes.

   Se alojarán con unos parientes.

3. Probablemente un amigo los lleva al aeropuerto.

   Un amigo los llevará al aeropuerto.

4. Piensan partir mañana a las ocho.

   Partirán mañana a las ocho.

5. ¿Con cuál línea aérea piensan viajar?

   ¿Con cuál línea aérea viajarán?

6. ¿Cuánto cuesta el vuelo a México?

   ¿Cuánto costará el vuelo a México?

7. ¿Cuánto tiempo dura el vuelo?

   ¿Cuánto tiempo durará el vuelo?

8. ¿Quién tiene que preparar las maletas?

   ¿Quién tendrá que preparar las maletas?

9. ¿Qué lugares visitan?

   ¿Qué lugares visitarán?

10. ¿Qué cosas piensan comprar allí?

    ¿Qué cosas comprarán allí?

El futuro perfecto

G Completa las siguientes oraciones con el futuro perfecto.

    Modelo: Si llega a las dos (nosotros/ comer)
        Si llega a las dos, nosotros habremos comido.

1. Si llega a las dos (ellos/ salir)

   Si llega a las dos, ellos habrán salido.

2. Si llamas a las cinco (yo/ hacer) la tarea

   Si llamas a las cinco, yo habré hecho la tarea.

3. Si Roberto viene a las seis (Ud./ irse)

   Si Roberto viene a las seis, Ud. se habrá ido.

4. Si el forastero llega del mar (nosotros/ lo ver)

   Si el forastero llega del mar, nosotros lo habremos visto.

5. Si el abuelo llama a tiempo (ellos/ lo salvar)

   Si el abuelo llama a tiempo, ellos lo habrán salvado.

6. Si los nietos se encuentran con el vecino (nosotros/ lo saber)

   Si los nietos se encuentran con el vecino, nosotros lo habremos sabido.

La diferencia entre los verbos saber y conocer

H Pon un círculo alrededor de la forma apropiada.

1. ¿(Saben, Conocen) Uds. hablar francés?

2. El viajero (sabe, conoce) muy bien Barcelona.

3. Yo (sé, conozco) que Ana va a salir.

4. Rosario (sabe, conoce) bailar flamenco.

5. ¿(Supiste, Conociste) a la tía de Juan?

6. ¡Qué linda es esa chica! Quisiera (saberla, conocerla).

7. La directora no (conoce, sabe) a este grupo.

8. Yo no (sé, conozco) la respuesta a esa pregunta.

9. ¿Tú (sabes, conoces) aquel supermercado?

10. Ellos no (saben, conocen) nadar en el mar.

I Completa con la forma apropiada del verbo *saber* o *conocer* según el sentido.

1. ¿_____Sabe_____ tu hermana de dónde viene la profesora?

2. María _____sabe_____ preparar la comida.

3. La criada _____sabe_____ dónde comprar fruta fresca.

4. Los Martínez no _____conocen_____ a los vecinos.

5. Yo no _____conozco_____ la bamba. ¿Es un baile típico?

6. ¿_____Sabe_____ Roberto cómo se llama el novio de María?

7. A veces Pepe se levanta muy tarde. ¡Ya lo _____sé_____!

8. Me gustaría _____conocer_____ Buenos Aires.

9. Yo no _____sabía_____ que Andrés era tu primo.

10. Todos _____saben (sabemos)_____ que el amor hace girar al mundo.

Estar *y el participio pasado*

J Expresa la acción terminada con *estar* y el participio pasado.

Modelo: Lava la ropa, por favor.
Ya está lavada, mamá.

1. Abre la puerta, por favor.

   Ya está abierta. _____

2. Cierra la ventana, por favor.

   Ya está cerrada. _____

3. Pinta otro cuadro, por favor.

   Ya está pintado. _____

4. Tacha los errores, por favor.

   Ya están tachados. _____

5. Prende el televisor, por favor.

   Ya está prendido. _____

6. Escribe dos párrafos, por favor.

   Ya están escritos. _____

7. Pónte un suéter, por favor.

   Ya está puesto. _____

8. Apaga la lámpara, por favor.

   Ya está apagada. _____

9. Corrige tu pronunciación, por favor.

   Ya está corregida. _____

10. Limpia las paredes, por favor.

    Ya están limpias. _____

CUADRO
7

TIERRA Y LIBERTAD

PRIMERA LECTURA

Adelita

Si Adelita se fuera con otro,
la seguiría la huella sin cesar,
por vapores y buques de guerra
y por tierra en un tren militar.
Si Adelita quisiera ser mi esposa,
si Adelita fuera mi mujer,
le compraría un vestido de seda
para llevarla a bailar al cuartel.
Y si acaso yo muero en la guerra
y si mi cuerpo en la sierra va a quedar,
Adelita, por Dios te lo ruego
que por mí no vayas a llorar.
Que no llores por mí yo te lo ruego
porque muero cumpliendo mi deber
de libertar a mi amada patria
de el que quiere imponer su poder.

Comprensión

Contesta en frases completas las siguientes preguntas.

1. ¿Quién estará cantando esta canción revolucionaria?

   Un soldado revolucionario está cantando esta canción revolucionaria.
   _____

2. Si Adelita se fuera con otro, ¿qué haría él?

   Si Adelita se fuera con otro, él la seguiría.
   _____

3. ¿Cómo la seguiría?

   Él la seguiría por vapores, buques de guerra y tren militar.
   _____
   _____

4. Si Adelita fuera la esposa del revolucionario, ¿qué le compraría? ¿Para qué?

Él le compraría un vestido de seda; para llevarla a bailar al cuartel.

_____

5. Si el soldado muere en la guerra, ¿qué le ruega a su querida?

Él le ruega a su querida que no llore por él.

6. Si muere en la guerra, ¿qué objetivo estará cumpliendo?

Si muere en la guerra, cumpliría el objetivo de libertar a su amada patria (de el que quiere

imponer su poder).

SEGUNDA LECTURA

Simón Bolívar

Simón Bolívar, "El Libertador", nació en Venezuela en 1783 y murió en 1830. Recibió su educación en España y viajó por Europa y los Estados Unidos. Volvió a su país en 1810 para tomar parte en la rebelión contra la dominación española. Durante más de trece años continuó la lucha contra el poder de la madre patria, enfrentando a la vez las fuerzas de la naturaleza en las selvas y montañas de su tierra natal.

En el poema que sigue, el autor Luis Llorens Torres señala que Bolívar era no sólo maestro en el arte de la guerra sino en el de crear patrias y que era todo un caballero que sabía inspirar a sus compatriotas.

> Político, militar, héroe, orador y poeta,
> Y en todo, grande. Como las tierras
>   libertadas por él,
> por él, que no nació de patria alguna,
> sino que muchas patrias nacieron
>   hijas de él.
>
> Tenía la valentía del que lleva una espada.
> Tenía la cortesía del que lleva una flor.
> Y entrando en los salones arrojaba la espada;
> Y entrando en los combates arrojaba la flor.
>
> Los picos del Ande no eran más, a sus ojos,
> que signos admirativos de sus arrojos.
> Fue un soldado poeta, un poeta soldado,
> Y cada pueblo libertado
> era una hazaña del poeta y era un poema
>   del soldado.
> Y fue crucificado…

Comprensión

A Contesta en frases completas las siguientes preguntas.

1. Además de ser un gran héroe, ¿qué fue Bolívar?

   Bolívar fue también político, militar, orador y poeta.

   _____

2. ¿Cómo lo compara el autor con las tierras que libertó?

   El autor lo compara con las tierras que libertó en todo, grande.

   _____

3. Según la primera estrofa, ¿qué patria produjo a Bolívar?

   Según la primera estrofa, Bolívar no nació de patria alguna.

   _____

4. ¿Qué símbolo de valentía emplea el autor?

    El autor emplea el símbolo de valentía de una espada.

5. ¿Qué símbolo de cortesía emplea el autor?

    El autor emplea el símbolo de cortesía de una flor.

6. ¿Cómo se indica que Bolívar sabía cuándo ser caballero y cuándo ser soldado?

    Se indica que Bolívar sabía cuándo ser caballero y cuándo ser soldado porque entrando en

    los salones, arrojaba la espada; entrando en los combates, arrojaba la flor.

7. A la vista de Bolívar, ¿qué eran los picos del Ande?

    A la vista de Bolívar, los picos del Ande eran signos admirativos de sus arrojos.

8. ¿Qué fin (figurativo) tuvo Bolívar según este poema?

    El fin que tuvo Bolívar según este poema es que fue crucificado.

B Escribe un párrafo de tres o cuatro líneas explicando por qué llaman a Bolívar el "Jorge Washington de Sudamérica".

Answers will vary. A sample paragraph follows:

Como Washington, Bolívar era político y militar. A causa de sus esfuerzos como líder

de revolucionarios, la independencia de muchos países fue realizada. Y también llegó a

ser presidente.

ESTRUCTURA

El imperfecto del subjuntivo

A **Unas emociones y las consecuencias.** Las emociones no son estables ni constantes. Esta inestabilidad se refleja en la cláusula subordinada después de un verbo causante o de emoción. Combina los elementos de las cuatro columnas para formar ideas lógicas en el pasado. Acuérdate que si los sujetos de las dos cláusulas son distintos, hay que usar el subjuntivo.

Modelo: 1-1-1-1
Él sugirió que Luis anduviera lentamente.

1. Él	1. sugerir	1. Luis	1. andar lentamente
2. Tú	2. advertir	2. el sacerdote	2. darle otra oportunidad
3. Nosotros	3. alegrarse de	3. yo	3. estar presente en ese momento
4. Yo	4. sentir	4. tú y yo	4. oír la noticia atentamente
5. Uds.	5. preferir	5. los demás	5. ser compasivo y entendido
	6. preocuparse		6. traerme flores
			7. venir lo más rápido posible

Yo me alegro de que Luis me traiga flores.

Answers will vary. Suggest pre-determining numbers from each list.
Examples:

(a) 3-3-2-3   Nosotros nos alegramos de que el sacerdote estuviera presente en ese momento.

(b) 5-5-3-7   Uds. prefirieron que yo viniera lo más rápido posible.

_____

_____

_____

_____

B **Deseos, esperanzas y temores.** Es normal reflexionar sobre el pasado con sus altibajos (*ups and downs*) y cómo afectan a todos. Combina elementos de las cuatro columnas para formar oraciones lógicas en el pasado según los números indicados.

Modelo: **1-1-1-1**
Yo esperaba que tú vinieras a visitar en seguida.

1. Yo	1. esperar	1. tú	1. (no) venir a visitar en seguida
2. Tú	2. querer	2. mis padres	2. (no) salir sin dejar un recado
3. Mi tía y yo	3. temer	3. yo	3. (no) tener éxito en todo
4. Mis padres	4. tener miedo de	4. el gobierno	4. (no) hacer lo necesario para triunfar en la vida
5. Luis	5. desear	5. nosotros	5. (no) cumplir con los deberes
	6. alegrarse de		6. (no) prestar atención a los menos afortunados
			7. (no) poder comprender la necesidad de trabajar
			8. (no) saber el secreto de la felicidad

(a) 1-3-1-2 ___Yo temía que tú salieras sin dejar un recado.___

_____

(b) 2-5-2-8 ___Tú deseabas que mis padres supieran el secreto de la felicidad.___

_____

(c) 3-6-4-5 ___Mi tía y yo no nos alegrábamos de que el gobierno (no) cumpliera con los deberes.___

_____

(d) 4-2-3-3 ___Mis padres querían que yo tuviera éxito en todo.___

_____

(e) 5-1-5-6 ___Luis esperaba que nosotros prestáramos atención a los menos afortunados.___

_____

El subjuntivo y la concordancia de los tiempos

C **Con el dentista.** Hace poco fue necesario que yo solicitara atención del dentista. La recepcionista y el dentista me mandaron hacer las acciones que se ven en la lista de abajo. Cambia los mandatos a oraciones en el presente. Después, cambia todo al pasado.

Modelo: **La recepcionista:** **Entre Ud.**
El paciente: *Me dice que entre.*
Me dijo que entrara.

1. Siéntese en ese cuartito.

   Me dice que me siente. Me dijo que me sentara.

2. Póngase un babero (*bib*).

   Me dice que me ponga un babero. Me dijo que me pusiera un babero.

3. Abra la boca.

   Me dice que abra la boca. Me dijo que abriera la boca.

4. Ciérrela.

   Me dice que la cierre. Me dijo que la cerrara.

5. Baje la cabeza.

   Me dice que baje la cabeza. Me dijo que bajara la cabeza.

6. Muerda el papel carbón.

   Me dice que muerda el papel carbón. Me dijo que mordiera el papel carbón.

7. No se mueva.

   Me dice que no me mueva. Me dijo que no me moviera.

8. Quítese el babero.

   Me dice que me quite el babero. Me dijo que me quitara el babero.

9. Salga por esa puerta.

   e salga por esa puerta. Me dijo que saliera por esa puerta.

71

10. Lleve esta receta a la farmacia.

Me dice que lleve esta receta a la farmacia. Me dijo que llevara esta receta a la farmacia.

---

11. Tome una cápsula cada cuatro horas.

Me dice que tome una cápsula cada cuatro horas. Me dijo que tomara una cápsula cada

cuatro horas.

12. Llámeme mañana a las nueve.

Me dice que lo llame mañana a las nueve. Me dijo que lo llamara mañana a las nueve.

D **Las quejas de los inconformes.** Un grupo de jóvenes se queja de las restricciones impuestas por la administración del colegio, de la sociedad y, en particular, de los padres.

Modelo: El director: No anden en el césped.
Eduardo: *¿Qué nos dijo el "dire" (director)?*
Felipe: *Que no anduviéramos en el césped.*

1. Papá: Estén en casa antes de medianoche.

¿Qué nos dijo Papá?

Que estuviéramos en casa antes de medianoche.

2. El agente de tránsito: Presten atención a las señales de tráfico.

¿Qué nos dijo el agente de tránsito?

Que prestáramos atención a las señales de tráfico.

3. El cura, reverendo o rabino: Hagan un esfuerzo especial con la colecta de caridad.

¿Qué nos dijo el cura?

Que hiciéramos un esfuerzo especial con la colecta de caridad.

4. La secretaria del director: Pidan permiso para entrar.

¿Qué nos dijo la secretaria del director?

Que pidiéramos permiso para entrar.

5. El médico: Duerman sin tomar sedantes (*sedatives*).

¿Qué nos dijo el médico?

Que durmiéramos sin tomar sedantes.

6. El farmacéutico: Sigan las instrucciones indicadas en la etiqueta.

¿Qué nos dijo el farmacéutico?

Que siguiéramos las instrucciones indicadas en la etiqueta.

7. El policía: Pongan las luces direccionales antes de cambiar de carril.

¿Qué nos dijo el policía?

Que pusiéramos las luces direccionales antes de cambiar de carril.

8. El profesor de historia: Vengan a clase a tiempo.

¿Qué nos dijo el profesor de historia?

Que viniéramos a clase a tiempo.

9. Un candidato en una elección: Vayan a votar sin falta.

¿Qué nos dijo un candidato en una elección?

Que fuéramos a votar sin falta.

10. La profesora de inglés: Aprendan este poema de memoria.

¿Qué nos dijo la profesora de inglés?

Que aprendiéramos este poema de memoria.

11. El alcalde: Den ayuda a los necesitados.

¿Qué nos dijo el alcalde?

Que diéramos ayuda a los necesitados.

12. El profesor de español: Repitan estos ejercicios en voz alta.

¿Qué nos dijo el profesor de español?

Que repitiéramos estos ejercicios en voz alta.

13. En el aeropuerto: Tengan en la mano el permiso de embarcación.

¿Qué nos dijeron en el aeropuerto?

Que tuviéramos en la mano el permiso de embarcación.

14. Jefe de inmigración: Digan sus nombres y nacionalidades a los inspectores.

¿Qué nos dijo el jefe de inmigración?

Que dijéramos nuestros nombres y nacionalidades a los inspectores.

E **Sueños no realizados.** ¿Qué sueños o ilusiones tienes con relación a tu futuro? Seguramente, has pensado en los estudios universitarios o técnicos, la carrera, los pasatiempos o en la vida personal o familiar. Escoge uno de los temas indicados y escribe unas frases originales incluyendo combinaciones de *-quiera* + el subjuntivo.

Modelo: **Quienquiera que sea mi marido, + el verbo en el futuro.**
A: *Quienquiera que sea mi marido, será guapo, rico y compasivo.*
B: *¿Sabías cómo lo encontrarías?*
A: *No sabía, pero comoquiera que lo encontrara, creía que sería guapo, rico y compasivo.*

1. Dondequiera que yo trabaje, + el verbo en el futuro.

   A: Dondequiera que yo trabaje, no me pagarán bastante.

   B: ¿Dónde piensas trabajar?

   A: No sé, pero dondequiera que trabaje, será así.

2. Cuandoquiera que yo _____ , _____

   A: *Answers will vary.* Cuandoquiera que vea una película, me gustará.

   B: ¿Y no importa quién está en la película?

   A: No, sé que cuandoquiera que la vea, me gustará.

3. Cualquier(a) _____ que yo _____ , _____

   A: *Answers will vary.* Cualquiera familia que yo visite, me invitará a cenar.

   B: ¿Y tú también la invitas a cenar contigo?

   A: Sí, cualquier familia que me visite, la invitaré a cenar.

Ahora, cambia las frases que has escrito en Ejercicio E al pasado.

Los diminutivos y aumentativos

F Pon el sufijo diminutivo a las siguientes palabras.

1. abuelo   abuelito
2. gato   gatito
3. ahora   ahorita
4. cama   camita
5. animal   animalito

6. momento   momentito
7. papel   papelito
8. poco   poquito
9. padre   padrecito
10. cerveza cervecita

G Pon el sufijo aumentativo a las siguientes palabras.

1. soltero _____ solterón
2. cuchillo _____ cuchillón
3. feo _____ feote
4. monte _____ montón
5. cabeza _____ cabezona (cabezota)

6. pobre _____ pobretón
7. calle _____ callejón
8. animal _____ animalote
9. taza _____ tazón
10. golpe _____ golpazo

H Identifica los sufijos en las siguientes palabras. ¿Son diminutivos o aumentativos? Escribe la identificación en el espacio.

Modelo: niñito
    diminutivo   -ito

1. panecillo ___ diminutivo   -illo
2. mujercita ___ diminutiva   -ita
3. escopetazo ___ aumentativo   -azo
4. ricachón ___ aumentativo   -achón
5. hijita ___ diminutiva   -ita
6. hombrote ___ aumentativo   -ote
7. chiquita ___ diminutivo   -ita
8. pequeñuelo ___ diminutivo   -uelo
9. puñetazo ___ aumentativo   -azo
10. chiquilla ___ diminutivo   -illa

I Escribe cinco frases originales usando las siguientes expresiones.

negarse a; niñita; sollozar; quedarse de pie; a pesar de

Answers will vary. Some examples follow:

1. Los obreros se negaron a participar en la huelga.
2. Esa niñita siempre juega con la misma muñeca.
3. Durante la ceremonia, la viuda siguió sollozando.
4. El atleta se quedó de pie cuando cantaron el himno nacional.
5. A pesar de tener mucha tarea, saldré con mi novia esta noche.

CUADRO
8

EL ÚLTIMO VIAJE

PRIMERA LECTURA

Costumbres del día de los difuntos

Los ejemplos más clásicos del sentir latinoamericano con respecto a la muerte se pueden ver los días primero y dos de noviembre. El primero es el día de "todos los santos"; el segundo es el día de "los difuntos". En estas fechas los cementerios de varios países hispanoamericanos se visten de gala. Por las calles y en las tiendas se ven coronas, tarjetas de duelo, flores negras, cirios, panes y pasteles especiales, todo destinado a que la gente cumpla con las viejas costumbres de honrar a los muertos queridos.

En el Ecuador, los indómitos indios salasacas que se asientan entre las regiones de Ambato y Pelileo celebran de otra manera a los finados. Para ellos es un día de júbilo porque se reunen con sus difuntos, comen con ellos, con ellos conversan y hacen vida común, con una serie de ceremonias que son preparadas minuciosamente unos días antes del dos de noviembre.

Vestidos de sus mejores ponchos y calzoncillos bordados, los salasacas se acercan a las tumbas de sus parientes, les llaman, les ofrecen manjares, vino y saludos en su nombre, luego de la ofrenda, beben y bailan uno o tres días con honda satisfacción.

Comprensión

A Contesta en frases completas las siguientes preguntas.

1. ¿Cómo se llaman los indios de quienes hablamos en esta lectura?

   Los indios en esta lectura se llaman los salasacas.

2. ¿Dónde viven ellos?

   Ellos viven entre Ambato y Pelileo.

3. ¿Por qué es un día de júbilo para ellos el día de los difuntos?

   Es un día de júbilo porque se reunen con sus difuntos.

4. ¿Qué se venden por las calles en esta ocasión?

   Se venden por las calles en esta ocasión: coronas, tarjetas de duelo, flores negras, cirios,

   panes y pasteles especiales.

5. ¿Cómo se visten los salasacas para el día de los difuntos?

Los salasacas se visten para el día de los difuntos con sus mejores ponchos y calzoncillos bordados.

_____

B Pon un círculo alrededor de la letra que corresponde con la respuesta correcta.

1. Un difunto es…

   a) una persona que celebra cierto día

   b) un muerto

   c) un indio salasaca

2. El primero de noviembre es el día…

   a) de todos los santos

   b) para vestirse de gala

   c) de los difuntos

3. Se manda una tarjeta de duelo…

   a) para celebrar los finados

   b) para consolar a uno

   c) cuando uno no tiene cirios

4. Para los indios salasacas el día de los difuntos es…

   a) una ocasión triste

   b) un día cuando no se debe bailar

   c) un día de alegría

5. Para hacer vida común con sus difuntos, los salasacas…

   a) no deben ir al cementerio

   b) comen y conversan con ellos

   c) no ofrecen manjares

6. Según las viejas costumbres, los indios deben…

   a) beber y bailar mucho

   b) vestirse de calzoncillos bordados

   c) honrar a los muertos queridos

SEGUNDA LECTURA

La eliminación de los arrabales

El Fanguito y La Perla eran dos de los arrabales que existían en Puerto Rico. El gobierno de la isla ha promulgado un programa de viviendas para los pobres. Este programa ofrece viviendas modernas con agua, luz y otras comodidades. Cada uno paga según lo que puede.

El programa funciona con la cooperación de varios organismos como la Junta de Planificación, la Autoridad sobre Hogares de Puerto Rico, la Administración Federal de Hogares Públicos y el Departamento de Salud. Casi todas las familias sienten satisfacción en vivir en estos caseríos que les ofrecen viviendas higiénicas y cómodas. Entienden que el gobierno quiere mejorar sus condiciones de vida y atienden a las recomendaciones que les dan los trabajadores sociales. Algunas familias, sin embargo, prefieren vivir en los arrabales porque desconfían de las buenas intenciones del gobierno y piensan que tienen derecho a vivir donde quieren. No entienden por qué el gobierno interviene con su modo de vivir, y ofrecen muchas dificultades al gobierno en sus planes. Estas familias están generalmente influídas por personas que tienen intereses en los arrabales y que saben que no pueden trasladar sus negocios a los caseríos.

A pesar de estos inconvenientes ya el gobierno ha logrado eliminar varios arrabales y establecer caseríos como el Lloréns Torres, el San José y el López Sicardó donde las familias pobres viven decorosamente.

Comprensión

Contesta en frases completas las siguientes preguntas.

1. ¿Qué ha hecho el gobierno de Puerto Rico hace unos años para ayudar a los pobres?

    El gobierno de Puerto Rico ha promulgado un programa de construcción de viviendas.

2. ¿Qué ofrece esto a los pobres?

    Esto les ofrece a los pobres viviendas modernas con agua, luz y otras comodidades.

3. ¿Qué propósito piensa realizar el Gobierno con los caseríos?

    El gobierno piensa mejorar las condiciones de vida de los pobres.

4. ¿Por qué prefieren vivir algunos en los arrabales?

    Algunos prefieren vivir en los arrabales porque desconfían de las buenas intenciones del gobierno.

5. ¿Qué temen los que tienen intereses en los arrabales?

    Los que tienen intereses en los arrabales temen que no puedan trasladar sus negocios a

    los caseríos.

ESTRUCTURA

pero, sino, sino que

A **Contrariedades y peligros.** Hace poco fui a visitar a unos amigos que viven en un rancho en el oeste. Yo, que he vivido toda la vida en la ciudad, no soy buen jinete y tuve algunos problemas con mi caballo. Conecta las dos ideas en una sola frase usando las conjunciones *pero, sino* y *sino que*.

1. No corrimos los caballos en las carreteras / en los prados

   No corrimos los caballos en las carreteras sino en los prados.

2. No queríamos asustar a unos caminantes / ellos corrieron en dirección opuesta

   No queríamos asustar a unos caminantes pero ellos corrieron en dirección opuesta.

3. No se quedaron callados / expresaron su miedo y enojo

   No se quedaron callados sino que expresaron su miedo y enojo.

4. No me asustó el caballo / un perro sí

   No me asustó el caballo pero un perro sí.

5. No me mordió el caballo / me dio una patada fuerte

   No me mordió el caballo sino que (pero) me dio una patada fuerte.

6. No me recomendaron las inyecciones preventivas / más tarde solicité otra opinión

   No me recomendaron las inyecciones preventivas pero más tarde solicité otra opinión.

7. No corrimos los caballos hoy / ayer

   No corrimos los caballos hoy sino ayer.

8. Nos recomendaron que los montáramos hoy / no les hicimos caso

   Nos recomendaron que los montáramos hoy pero no les hicimos caso.

9. Mi caballo no regresó en buenas condiciones / llevaba heridas sangrantes

   Mi caballo no regresó en buenas condiciones sino que llevaba heridas sangrantes.

10. Yo no sabía controlar el caballo / el caballo me controló a mí

    Yo no sabía controlar el caballo sino que el caballo me controló a mí.

11. No me divertí / lo pasé muy mal

    No me divertí sino que lo pasé muy mal.

12. No fui solo / en grupo

    No fui solo sino en grupo.

13. Al principio tuve miedo y pensé que era difícil / al final me consideraba un jinete experto

    Al principio tuve miedo y pensé que era difícil pero al final me consideraba un jinete experto.

B Escoge la conjunción apropiada (*sino, pero* o *sino que*) y escríbela en el espacio.

1. Lo haría _____**pero**_____ no tengo bastante tiempo.

2. No vamos el lunes _____**sino**_____ el martes.

3. Lo que está tocando la orquesta no es una rumba _____**sino**_____ un tango.

4. Nos gusta muchísimo _____**pero**_____ no vamos a comprarlo.

5. Sé tocar varios instrumentos _____**pero**_____ no toco el piano.

6. No son parientes _____**sino**_____ amigos.

7. Conchita no está ausente _____**pero**_____ no está en clase.

8. No dije que llovería _____**sino que**_____ el cielo estaría nublado.

9. No quiero ir al cine _____**pero**_____ no quiero jugar al golf.

10. No intentaba gastar el dinero _____**sino que**_____ sólo planeaba divertirse un poquito.

Los pronombres y su colocación

C Escribe las frases siguientes substituyendo pronombres apropiados por las palabras indicadas. Cuidado con los acentos.

1. Perdí *los zapatos.*

   Los perdí.

2. Estamos pidiendo *el dinero a los amigos.*

   Estamos pidiéndoselo.

3. Voy a hablar *del examen al profesor.*

   Se lo voy a hablar.

4. Pronuncia *la palabra* con cuidado.

   Pronúnciala con cuidado.

5. No hables *a tu hermano* en ese tono.

   No le hables en ese tono.

6. Siempre digo *la verdad a mis padres.*

   Siempre se la digo.

7. Vamos con *Roberto y María.*

   Vamos con él y con ella (con ellos).

8. Ella no ha dado *la ropa a la Cruz Roja.*

   Ella no se la ha dado.

9. Compré *el regalo* para *mi novia.*

   Lo compré para ella. (Se lo compré.)

10. Prometemos mandar *las cartas a usted.*

    Prometemos mandárselas (a Ud.).

11. No pierda Ud. *el lápiz.*

    No lo pierda.

12. Debemos entregar *los papeles a la maestra.*

    Debemos entregárselos (a ella).

13. Ponga Ud. *la mesa*, por favor.

   Póngala, por favor.

14. Deseo ver *a doña Luisa*.

   Deseo verla.

15. Recojamos *las flores*.

   Recojámoslas.

16. No lleves *el dinero* con *ti mismo*.

   No lo lleves contigo.

17. Va a dar *los regalos a mi hermana*.

   Va a dárselos.

18. Papá paga las entradas para *Roberto y Antonio*.

   Papá paga las entradas para ellos. (Papá les paga las entradas.)

19. Quiero dar *el reloj a la chica*.

   Quiero dárselo (a ella).

20. Lolita, no escriba Ud. *la carta a su novio*.

   Lolita, no se la escriba.

21. Está comiendo *la ensalada*.

   Está comiéndola.

22. No hables *inglés* en esta clase.

   No lo hables en esta clase.

23. Llaman cobarde *al traidor*.

   Le llaman (a él) cobarde.

24. ¿Quién va a hervir *el agua*?

   ¿Quién va a hervirla?

25. Es necesario que te laves *las manos* antes de comer.

   Es necesario que te las laves antes de comer.

Acciones imprevistas

D A veces uno sufre las consecuencias de una acción imprevista. En el ejercicio que sigue, expresa la acción involuntaria con el reflexivo y agrega el complemento indirecto refiriéndose a la persona.

Modelo: olvidar: me / las llaves
Se me olvidaron las llaves.

1. olvidar: a. me / la fecha b. nos / los libros c. te / comprar los dulces d. les / los sellos

   a. ___Se me olvidó la fecha.___

   b. ___Se nos olvidaron los libros.___

   c. ___Se te olvidó comprar los dulces.___

   d. ___Se les olvidaron los sellos.___

2. perder a. me / la hora b. te / la bolsa c. le / la cartera d. nos / las llaves

   a. ___Se me perdió la hora.___

   b. ___Se te perdió la bolsa.___

   c. ___Se le perdió la cartera.___

   d. ___Se nos perdieron las llaves.___

3. romper a. me / los lentes b. te / la pierna c. nos / la lámpara d. les / los vasos

   a. ___Se me rompieron los lentes.___

   b. ___Se te rompió la pierna.___

   c. ___Se nos rompió la lámpara.___

   d. ___Se les rompieron los vasos.___

4. acabar a. me / el dinero b. te / la paciencia c. nos / los refrescos d. les / las pesetas

   a. ___Se me acabó el dinero.___

   b. ___Se te acabó la paciencia.___

   c. ___Se nos acabaron los refrescos.___

   d. ___Se les acabaron las pesetas.___

La colocación de pronombres con los mandatos

E **Háganlo así, por favor.** En los ensayos para la comedia del Club de Teatro, el director indica a los actores lo que deben hacer. Combina los mandatos con los objetos directos y las personas y objetos indirectos para expresar ideas lógicas y con el arreglo propio.

> **Modelo: 1-1-1**
> *Di los nombres a Rafael.*
> *Dile los nombres.*
> *Díselos.*

1. Di	1. los nombres	1. Rafael
2. No digas	2. las carteras	2. a mí
3. Muestra	3. el bolso	3. a ti
4. No muestren	4. las mentiras	4. a Ud.
5. Da	5. los zapatos	5. a él
6. No des	6. la verdad	6. a ella
7. Enseñe	7. el sobre	7. a nosotros
8. No enseñen	8. la nueva dirección	8. a ellos
9. Traiga		
10. No traigas		

1. 6-5-5 No le des los zapatos a él. No le des los zapatos. No se los des.

2. 2-4-7 No nos digas las mentiras a nosotros. No nos digas las mentiras. No nos las digas.

3. 7-8-2 Enséñeme la nueva dirección a mí. Enséñeme la nueva dirección. Enséñemela.

4. 9-2-2 Tráigame las carteras a mí. Tráigame las carteras. Tráigamelas.

5. 5-7-6 Dale el sobre a ella. Dale el sobre. Dáselo (a ella).

6. 1-6-8 Di la verdad a ellos. Diles la verdad. Dísela (a ellos).

7. 4-8-1 No le muestren la nueva dirección a Rafael. No le muestren la nueva dirección. No se la muestren (a Rafael).

8. 3-3-7 Muéstranos el bolso a nosotros. Muéstranos el bolso. Muéstranoslo.

El pluscuamperfecto de subjuntivo

F **El incendio.** Hace poco hubo un incendio en la casa de los vecinos. ¡Nunca había visto tanta confusión! Afortunadamente los bomberos llegaron en seguida y sofocaron (*put out*) las llamas. Mucha gente llegó para observar, dar consejos o simplemente hacer comentarios. Escoge una de las frases de introducción para formar ideas lógicas con las ideas expresadas.

Modelo: El fuego comenzó en la cocina.
    a. Yo dudo que haya comenzado en la cocina.
    b. No fue posible que hubiera comenzado en la cocina.

Frases de introducción: Yo (dudar)   Algunos vecinos (negar)
                             Tú (sentir)   Es lástima
                             Nosotros (no creer)   No es posible

Sentences will vary. Some examples follow:

1. La señora salió a comprar algo.

a.   Yo dudo que la señora haya salido a comprar algo.

b.   No fue posible que la señora hubiera salido a comprar algo.

2. Ella dejó a los tres peques sin niñera (*baby sitter*).

a.   Es una lástima que ella haya dejado a los tres peques sin niñera.

b.   Fue una lástima que ella hubiera dejado a los tres peques sin niñera.

3. La niña mayor llamó a los bomberos.

a.   No creemos que la niña mayor haya llamado a los bomberos.

b.   No creímos que la niña mayor hubiera llamado a los bomberos.

4. La más chica se rió de la confusión.

a.   Tú no crees que la más chica se haya reído de la confusión.

b.   Tú no creías que la más chica se hubiera reído de la confusión.

5. La madre estaba durmiendo cuando estalló el fuego.

a. Algunos vecinos niegan que la madre haya estado durmiendo cuando estalló el fuego.

b. Algunos vecinos negaron que la madre hubiera estado durmiendo cuando estalló el fuego.

6. Una vecina criticó a la pobre madre.

a. Yo dudo que una vecina haya criticado a la pobre madre.

b. No fue posible que una vecina hubiera criticado a la pobre madre.

7. Llegaron seis camiones de bomberos en cinco minutos.

a. Creemos que han llegado seis camiones de bomberos en cinco minutos.

b. Dudamos que hubieran llegado seis camiones de bomberos en cinco minutos.

8. La policía patrulló la vecindad.

a. Algunos vecinos niegan que la policía haya patrullado la vecindad.

b. No fue posible que la policía hubiera patrullado la vecindad.

9. Canal 6 de la tele filmó la casa mientras se quemaba.

a. Yo dudo que el Canal 6 haya filmado la casa mientras se quemaba.

b. No fue posible que el Canal 6 hubiera filmado la casa mientras se quemaba.

10. Los bomberos tuvieron que destruir el techo.

a. Es una lástima que los bomberos hayan tenido que destruir el techo. _____

_____

b. Tú sentías que los bomberos hubieran tenido que destruir el techo. _____

_____

11. El fuego hizo daño al interior.

a. Tú sientes que el fuego haya hecho daño al interior. _____

_____

b. Fue una lástima que el fuego hubiera hecho daño al interior. _____

_____

12. El padre no se enojó con su mujer.

a. No creemos que el padre se haya enojado con su mujer. _____

_____

b. No creíamos que el padre se hubiera enojado con su mujer. _____

_____

13. En poco tiempo los carpinteros pusieron todo en orden.

a. Yo dudo que los carpinteros hayan puesto todo en orden. _____

_____

b. Fue posible que los carpinteros hubieran puesto todo en orden. _____

_____

G Cambia las siguientes frases al pluscuamperfecto de subjuntivo según el modelo. Sustituye el imperfecto en la cláusula principal y el pluscuamperfecto de subjuntivo en la cláusula dependiente.

Modelo: Yo estoy contenta de que tú lo hayas hecho.
Yo estaba contenta de que tú lo hubieras hecho.

1. Ella teme que yo haya olvidado mi responsabilidad.

   Ella temía que yo hubiera olvidado mi responsabilidad.

2. No creo que ellos se hayan ido.

   No creía que ellos se hubieran ido.

3. Mi tío duda que hayamos visitado ese lugar.

   Mi tío dudaba que hubiéramos visitado ese lugar.

4. Sienten que tú hayas estado enfermo.

   Sentían que tú hubieras estado enfermo.

5. Es posible que ellas hayan acabado con el trabajo.

   Era posible que ellas hubieran acabado con el trabajo.

6. Me alegro de que hayan celebrado la ocasión.

   Me alegraba de que hubieran celebrado la ocasión.

7. Es probable que ella ya haya comido.

   Era probable que ella ya hubiera comido.

8. El dentista espera que yo haya llegado a tiempo.

   El dentista esperaba que yo hubiera llegado a tiempo.

9. No es cierto que ella se haya roto el brazo.

   No era cierto que ella se hubiera roto el brazo.

10. Dudan que hayamos oído ese chiste.

    Dudaban que hubiéramos oído ese chiste.

H Lee de nuevo el poema "Fuego infantil" (*Galería de arte y vida,* página 303). Analízalo contestando a las siguientes preguntas que sirven para el análisis literario de un poema.

1. ¿Cuál es la escena? (tiempo, hora del día, estación, lugar, adentro o afuera, etc.)

   Es una noche de rayos y de truenos.

2. ¿Cuáles son las palabras que más te llaman la atención en el poema?

   Answers will vary.

3. ¿Cuáles son las imágenes?

   Las imágenes son de lances de romance, de espada; monstruos espantados; palacios encantados.

4. Indica ejemplos de metáfora, simil, personificación, etc.

   La abuelita se quedó durmiendo (metáfora); ¡Tan! dijo la campana (personificación).

5. ¿Hay simbolismo? ¿Cuál?

   La abuelita representa cualquier persona que nos leía cuentos en la infancia.

6. ¿Hay ejemplos de paradoja? ¿exageración? ¿ironía?

   Palacios "encantados" (paradoja); varilla mágica (exageración); la abuela murió cuando la escena

   es una de paz y contento (ironía).

7. ¿Cuál es la forma métrica del poema?

   Es un soneto.

8. ¿Hay adaptación de sonido al sentido?

   Sí, la descripción de la fuerza de la tempestad.

9. ¿Cómo rima?

   a-b-a-b, a-b-a-b, c-c-d, e-e-d.

10. ¿Cuáles son las características de un soneto?

   Poema de 14 líneas (versos) con dos estrofas de 4 versos (cuartetos) y dos tercetos.

CAPRICHOS DEL DESTINO

PRIMERA LECTURA

No hay mal que por bien no venga

Había en la corte de Castilla un hombre de gran inteligencia y virtud llamado don Sancho, el cual era muy estimado por el rey. Una de las expresiones favoritas de don Sancho era la siguiente:

¡Todo lo que nos pasa es siempre para lo mejor!

Algunos nobles le tenían envidia y lo acusaron de que preparaba una revolución. El rey los creyó, y envió un mensajero para que don Sancho viniera inmediatamente a la corte. Al mismo tiempo, el rey daba órdenes para que lo mataran en el camino.

Don Sancho se apresuró a obedecer, pero, al bajar de prisa las escaleras de su casa, se cayó y se rompió una pierna. En medio del dolor, repetía:

¡Todo lo que nos pasa es siempre para lo mejor!

A causa del accidente, no pudo ir a la corte del rey. Mientras tanto, éste descubrió la falsedad de las acusaciones contra don Sancho y castigó a los culpables. Don Sancho se dirigió, por fin a la corte, donde fue recibido con grandes honores.

Comprensión

Contesta en frases completas las siguientes preguntas.

1. ¿Por qué estimaba el rey a don Sancho?

   El rey estimaba a don Sancho porque era un hombre de gran inteligencia y virtud.

2. ¿Cuál era una de las expresiones favoritas de don Sancho?

   Una de las expresiones favoritas de don Sancho era : "Todo lo que nos pasa es siempre para

   lo mejor".

3. ¿De qué lo acusaron los que le tenían envidia?

   Los que le tenían envidia a don Sancho lo acusaron de que preparaba una revolución.

4. ¿Qué órdenes había dado el rey?

El rey ordenó que don Sancho viniera en seguida a la corte; que lo mataran en el camino.

_____

5. ¿Qué le ocurrió a don Sancho al bajar la escalera?

Don Sancho se cayó y se rompió una pierna.

_____

6. ¿Cómo fue que el accidente tuvo resultados favorables para don Sancho?

Don Sancho no pudo ir a la corte; entretanto, el rey descubrió la falsedad de las acusaciones.

_____

SEGUNDA LECTURA

¡Qué sorpresa!

Durante la Segunda Guerra Mundial, una bailarina francesa se enamoró de un aviador norteamericano. Se habían conocido en un café de París un poco después de la entrada de las tropas norteamericanas. El capitán Smith la había visto bailar una noche, e, impresionado por su belleza y su gracia, le rogó al dueño del café que la presentara. Dentro de poco tiempo, los dos se enamoraron y se veían con mucha frecuencia.

Un día ella recibió la mala noticia de que el piloto había sido herido y que estaba entonces en un hospital cerca de la capital francesa. La bailarina fue al hospital lo más pronto posible, y al entrar se encontró con una enfermera de cara severa y de edad indefinida, que parecía ser la directora del hospital.

—Busco al capitán Jorge Smith—dijo la bailarina.—Me han dicho que está herido y que está ahora en este hospital.

—Lo siento mucho, pero no es hora de visitas—le dijo la enfermera.

Y luego, viendo la cara desilusionada de la bailarina, añadió:—Sin embargo, es posible que eso se pueda arreglar. ¿Le conoce usted bien al aviador?

—Ya lo creo—contestó la bailarina—claro que sí, pues yo soy… yo soy… su hermana.

—¡Cuánto me alegro de saberlo!—dijo la señora sonriéndose—y ¡tanto gusto en conocerle a usted! Yo soy su madre.

Comprensión

Contesta en frases completas las siguientes preguntas.

1. ¿Cuándo se habían conocido la bailarina y el aviador?

   La bailarina y el aviador se habían conocido durante la Segunda Guerra Mundial.

   _____

2. ¿Qué le impresionó al capitán Smith?

   Al capitán Smith le impresionó la belleza y la gracia de la bailarina.

   _____

3. ¿Qué noticia recibió la bailarina un día?

   La bailarina recibió la noticia que el piloto había sido herido.

   _____

4. ¿Con quién se encontró la bailarina cuando fue al hospital?

   La bailarina se encontró con una enfermera que parecía ser la directora del hospital.

   _____

5. Describe a la mujer que parecía ser la directora del hospital.

   La directora del hospital era una mujer de cara severa y de edad indefinida.

   _____

6. ¿Por qué no podía ver al capitán en aquel momento?

   La bailarina no podía ver al capitán porque no era hora de visitas.

   _____

7. Cuando la bailarina dijo que ella era hermana del herido aviador, ¿qué contestó la mujer?

   La mujer contestó —¡Tanto gusto en conocerle a usted! Yo soy su madre.

   _____

8. En tu opinión, ¿por qué cabe este relato en un cuadro titulado Caprichos del destino?

   Answers will vary.

   _____

   _____

ESTRUCTURA

Cláusulas con si

A **La graduación y las fiestas.** Cori ha invitado a Lupe a visitar y asistir a la graduación de su hermano. Para un evento tan importante como éste, hay muchas fiestas y reuniones. En su carta de invitación, Cori escribe: *Si llegas a tiempo, te recogeré en mi coche.* Por desgracia la carta llegó con retraso y en malísimas condiciones, dejándola casi ilegible. Por teléfono Cori le relata lo que había escrito:
—Dije que *si llegaras a tiempo, te recogería en mi coche.* Sigue con el relato de la llamada telefónica escribiendo las frases según el modelo:

Modelo: Si llegas a tiempo, te recogeré en mi coche.
          Si llegaras a tiempo, te recogería en mi coche.

1. Si llegas al aeropuerto al mediodía, conocerás a unas amigas mías.

   Si llegaras al aeropuerto al mediodía, conocerías a unas amigas mías.

2. Si no tienes mucho equipaje, iremos directo a la primera fiesta.

   Si no tuvieras mucho equipaje, iríamos directo a la primera fiesta.

3. Pero si llevas muchas maletas, las dejaremos primero en casa.

   Pero si llevaras muchas maletas, las dejaríamos primero en casa.

4. Si no llueve esa tarde, caminaremos hasta el auditorio que queda cerca.

   Si no lloviera esa tarde, caminaríamos hasta el auditorio que queda cerca.

5. Sé que te encanta la tele, pero si la miramos, no veremos la procesión.

   Sé que te encanta la tele, pero si la miráramos, no veríamos la procesión.

6. Si salimos de casa con retraso, perderemos la presentación de los diplomas.

   Si saliéramos de casa con retraso, perderíamos la presentación de los diplomas.

7. Si no vamos temprano, no encontraremos buenos asientos.

   Si no fuéramos temprano, no encontraríamos buenos asientos.

8. Si tenemos tiempo, recogeremos unos regalos cerca de aquí.

Si tuviéramos tiempo, recogeríamos unos regalos cerca de aquí.

_____

9. Si volvemos a casa después de la ceremonia, encontraremos a todos divirtiéndose.

Si volviéramos a casa después de la ceremonia, encontraríamos a todos divirtiéndose.

_____

10. Si nos ponemos a charlar, no estaremos listas para el baile.

Si nos pusiéramos a charlar, no estaríamos listas para el baile.

_____

11. Si no dormimos bien, no tendremos ganas de ir a las otras fiestas.

Si no durmiéramos bien, no tendríamos ganas de ir a las otras fiestas.

_____

B Ahora, repite el mismo Ejercicio A cambiando el tiempo de las acciones a la semana pasada.

Modelo: *Si hubieras venido a tiempo, te habría recogido en mi coche.*

1. Si hubieras llegado al aeropuerto al mediodía, habrías conocido a unas amigas mías.

2. Si no hubieras tenido mucho equipaje, habríamos ido directo a la primera fiesta.

3. Pero si hubieras llevado muchas maletas, las habríamos dejado primero en casa.

4. Si no hubiera llovido esa tarde, habríamos caminado hasta el auditorio que queda cerca.

5. Sé que te encanta la tele, pero si la hubiéramos mirado, no habríamos visto la procesión.

6. Si hubiéramos salido de casa con retraso, habríamos perdido la presentación de los diplomas.

7. Si no hubiéramos ido temprano, no habríamos encontrado buenos asientos.

8. Si hubiéramos tenido tiempo, habríamos recogido unos regalos cerca de aquí.

9. Si hubiéramos vuelto a casa después de la ceremonia, habríamos encontrado a todos divirtiéndose.

10. Si nos hubiéramos puesto a charlar, no habríamos estado listas para el baile.

11. Si no hubiéramos dormido bien, no habríamos tenido ganas de ir a las otras fiestas.

El subjuntivo y la concordancia de tiempos

C Cambia las frases del presente al pasado según el modelo.

Modelo: **Pido al peque que cante.**
Pedí al peque que cantara.

1. Insisto en que mi hijo estudie.

   Insistí en que mi hijo estudiara.

2. Prohibo que ellos vayan.

   Prohibí que ellos fueran.

3. Ruego que vuelvan pronto.

   Rogué que volvieran pronto.

4. Quiero que lo compren.

   Quería que lo compraran.

5. Siento que ella esté enferma.

   Sentí que ella estuviera enferma.

6. Me alegro de que tengamos suerte.

   Me alegré de que tuviéramos suerte.

7. Espero que vengas.

   Esperé que vinieras.

8. No creo que lo haga.

   No creí que lo hiciera.

9. Dudo que sean ricos.

   Dudé que fueran ricos.

10. Ordeno que practiques cada día.

    Ordené que practicaras cada día.

11. No permito que llegues tarde.

    No permití que llegaras tarde.

12. No me importa que pierdas tu tiempo.

    No me importó que perdieras tu tiempo.

D Llena el espacio con la forma apropiada del verbo entre paréntesis.

Modelo: Si él (tener) _____ hambre, comería.
Si él tuviera hambre, comería.

1. Si tú (necesitar) ____**necesitaras**____ un bolígrafo, te prestaría el mío.

2. Si ella (cantar) ____**cantara**____ , todos guardarían silencio.

3. Si (llover) ____**lloviera**____ , llevaría mi impermeable.

4. Si (tener) ____**tuviera**____ tiempo hoy, daría un paseo por el parque.

5. Si (hacer) ____**hiciera**____ calor, Uds. podrían ir a la playa.

6. Si yo (perder) ____**perdiera**____ mi libro, el profesor me prestaría el suyo.

7. Si los perezosos (estudiar) ____**estudiaran**____ , recibirían buenas notas.

8. Si Ud. (estar) ____**estuviera**____ listo, saldríamos.

9. Si tu tío (mejorarse) ____**se mejorara**____ , nos acompañaría.

10. Si (nevar) ____**nevara**____ , esquiaríamos.

E Llena el espacio con el pluscuamperfecto del subjuntivo según el modelo.

Modelo: Si ella (salir) _____ , yo habría ido también.
Si ella hubiera salido, yo habría ido también.

1. Si tú (necesitar) ____**hubieras necesitado**____ dinero, te lo habría prestado.

2. Si don Juan (ser) ____**hubiera sido**____ rey, habría reinado con prudencia.

3. Si el profesor (estar) ____**hubiera estado**____ en la clase, eso no habría ocurrido.

4. Si nosotros (tener) ____**hubiéramos tenido**____ dinero, habríamos hecho el viaje.

5. Si Rosa Leyes (comprar) ____**hubiera comprado**____ una pipa, la habría fumado.

6. Si yo (perder) ____**hubiera perdido**____ mi bolsa, habría comprado otra.

7. Si mamá (gritar) ____**hubiera gritado**____ , los niños habrían oído.

8. Si el artista la (ver) ____**hubiera visto**____ , habría pintado su retrato.

9. Si ella (seguir) ____**hubiera seguido**____ este camino, habría llegado a tiempo.

10. Si Pablo (sentirse) ____**se hubiera sentido**____ mejor, nos habría ayudado.

F Escribe las siguientes frases según el modelo.

Modelo: **Si tiene dinero, (pagarme)**
Si tiene dinero, me pagará.
Si tuviera dinero, me pagaría.
Si hubiera tenido dinero, me habría pagado.

1. Si ella sale, yo (salir también)

   Si ella sale, yo saldré también; si ella saliera, yo saldría también; si ella hubiera salido, yo habría

   salido también.

2. Si yo gano el premio, (comprar un coche)

   Si gano el premio, compraré un coche; si ganara el premio, compraría un coche; si hubiera ganado

   el premio, habría comprado un coche.

3. Si ellas visitan Madrid, (ver un museo magnífico)

   Si visitan Madrid, verán un museo magnífico; si visitaran Madrid, verían un museo magnífico;

   si hubieran visitado Madrid, habrían visto un museo magnífico.

4. Si remo hacia la otra ribera, (poder seguir a la deriva)

   Si remo hacia la otra ribera, podré seguir a la deriva; si remara hacia la otra ribera, podría seguir a

   la deriva; si hubiera remado hacia la otra ribera, habría podido seguir a la deriva.

5. Si tú te enfermas, (mi hermano llamar al médico)

   Si te enfermas, mi hermano llamará al médico; si te enfermaras, mi hermano llamaría al médico;

   si te hubieras enfermado, mi hermano habría llamado al médico.

La construcción como si + *el imperfecto del subjuntivo*

G Escribe las frases empleando *como si* según el modelo.

Modelo: La mujer portaba la damajuana / no pesar mucho
La mujer portaba la damajuana como si no pesara mucho.

1. Ella tenía hambre / no haber comido hace mucho tiempo

   Ella tenía hambre como si no hubiera comido hace mucho tiempo.

2. El perro empezó a ladrar / ver al ladrón

   El perro empezó a ladrar como si viera al ladrón.

3. Acercamos a la puerta / conocer a la persona que tocaba

   Acercamos a la puerta como si conociéramos a la persona que tocaba.

4. Mario llevaba ropa ligera / no tener frío

   Mario llevaba ropa ligera como si no tuviera frío.

5. Ellos conversaban / ser amigos íntimos

   Ellos conversaban como si fueran amigos íntimos.

6. Paquita recitaba el poema / haberlo aprendido de memoria

   Paquita recitaba el poema como si lo hubiera aprendido de memoria.

7. Caminó rápidamente / no estar herido

   Caminó rápidamente como si no estuviera herido.

8. Lo hizo con ganas / no haber problema

   Lo hizo con ganas como si no hubiera problema.

9. El niño gateaba / ser un animalito

   El niño gateaba como si fuera un animalito.

10. El cielo estaba oscuro / ir a llover

    El cielo estaba oscuro como si fuera a llover.

Construcciones con ojalá + *el subjuntivo*

H Escribe las frases empleando *ojalá* + el subjuntivo según el modelo.

Modelo: **Ojalá que no (llover) durante la fiesta.**
Ojalá que no llueva durante la fiesta.

1. Ojalá que él (llegar) antes de que salgan ellos.

   Ojalá que él llegue antes de que salgan ellos.

2. Ojalá que nosotros (despertarnos) a la hora esperada.

   Ojalá que (nosotros) nos despertemos a la hora esperada.

3. Ojalá que ellos (volver) para ayudarnos.

   Ojalá que ellos vuelvan para ayudarnos.

4. Ojalá que este traje (ser) bastante formal.

   Ojalá que este traje sea bastante formal.

5. Ojalá que el banco me (prestar) el dinero.

   Ojalá que el banco me preste el dinero.

I **¿Qué esperas tú?** ¿Qué cambios te gustaría ver o efectuar? Exprésalos con *ojalá que* + el imperfecto del subjuntivo.

Modelo: **no / ser tan pesimista este cuento**
Ojalá que no fuera tan pesimista este cuento.

1. yo / ser tu padre

   Ojalá que yo fuera tu padre.

2. nosotros / conocer al empleado

   Ojalá que nosotros conociéramos al empleado.

3. ellos / poder trabajar todos los días

   Ojalá que ellos pudieran trabajar todos los días.

4. tú / ver la posibilidad de mejorar las circunstancias

   Ojalá que tú vieras la posibilidad de mejorar las circunstancias.

5. Melodía / tener una dieta nutritiva

   Ojalá que Melodía tuviera una dieta nutritiva.

Las comparaciones

J Traduce las palabras en inglés al español.

Modelo: Pedro es (*taller*) _____ **Juanito.**
Pedro es más alto que Juanito.

1. La carne es (*more expensive than*) las legumbres.

   La carne es más cara que las legumbres.

2. Ana es (*as rich as*) su hermana.

   Ana es tan rica como su hermana.

3. Estas comedias son (*less interesting than*) las tragedias.

   Estas comedias son menos interesantes que las tragedias.

4. Pamplona es (*smaller than*) Madrid.

   Pamplona es más pequeña que Madrid.

5. Esta flor es (*as beautiful as*) ésa.

   Esta flor es tan hermosa como ésa.

6. El tren corre (*faster than*) el camión.

   El tren corre más rápido que el camión.

7. El profesor es (*the shortest*) de los tres.

   El profesor es el más bajo de los tres.

8. Mi hija es (*the younger*) de las dos chicas.

   Mi hija es la menor de las dos chicas.

9. Ese edificio es (*the oldest*) en la ciudad.

   Ese edificio es el más viejo en la ciudad.

10. El ejercicio es (*as difficult as*) la lección.

    El ejercicio es tan difícil como la lección.

11. Esta casa es (*as pretty as*) la de mi abuela.

    Esta casa es tan bonita como la de mi abuela.

12. El tigre es (*stronger than*) el perrito.

    El tigre es más fuerte que el perrito.

13. Aquella calle es (*longer than*) esta avenida.

Aquella calle es más larga que esta avenida.

14. España no es (*as large as*) los Estados Unidos.

España no es tan grande como los Estados Unidos.

15. Juan es (*the best*) alumno de la clase de español.

Juan es el mejor alumno de la clase de español.

16. Esta sopa es (*the worst*) que he probado.

Esta sopa es la peor que he probado.

17. ¿Conoces a mi (*older*) hermano?

¿Conoces a mi hermano mayor?

18. El joven es (*as serious as*) su padre.

El joven es tan serio como su padre.

19. El cielo parece (*less cloudy*) hoy.

El cielo parece menos nublado hoy.

20. Ella es pequeña; su hermana es (*smaller*) y su prima es (*the smallest*).

Ella es pequeña; su hermana es más pequeña y su prima es la más pequeña.

K Escribe la forma superlativa de los siguientes adjetivos, empleando *más* y *menos* y el artículo definido según el modelo.

Modelo:

simpático: *el más simpático*   *el menos simpático*

1. barato: el más barato   el menos barato

2. baja: la más baja   la menos baja

3. malos: los peores   los menos malos (los mejores)

4. joven: el más joven   el menos joven

5. buena: la mejor   la menos buena (la peor)

6. fácil: el más fácil   el menos fácil

7. pequeños los más pequeños (los menores)   los menos pequeños (los mayores)

Los negativos

L Cambia las frases siguientes de afirmativas a negativas.

Modelo: **Vi a tu amiga en alguna parte ayer.**
No vi a tu amiga en ninguna parte ayer.

1. Puedo hablarte pronto.

   No puedo hablarte pronto.

2. Dijo algo.

   No dijo nada.

3. Alguien está en casa ahora.

   Nadie está en casa ahora.

4. Y yo también voy.

   Ni yo tampoco voy.

5. Veo a alguien en la calle.

   No veo a nadie (en la calle).

6. Es un secreto sumamente interesante.

   No es ningún secreto sumamente interesante.

7. Alguien está tocando la puerta.

   Nadie está tocando la puerta.

8. Él tiene plumas y lápices.

   Él no tiene ni plumas ni lápices.

9. Voy y Roberto va también.

   No voy y Roberto no va tampoco.

10. Algunos quieren ir al cine.

    Nadie quiere ir al cine.

11. Mi mamá siempre está en casa.

    Mi mamá nunca está en casa.

12. Al decir algo, salió riendo.

    Al no decir nada, salió riendo.

13. Tengo algo que comer.

No tengo nada que comer.

14. Siempre dan regalos a los menores.

Nunca dan regalos a los menores.

15. Van a entrevistar a alguien.

No van a entrevistar a nadie.

16. Alguna persona mencionó algo de ese asunto.

Ninguna persona mencionó nada. (Nadie mencionó nada.)

17. ¡Caramba! Salí de la casa con pasaporte.

¡Caramba! Salí de la casa sin pasaporte.

18. ¿Oíste la música?

¿No oíste la música?

19. Me gustaría conocer a alguna persona de Brasil.

No me gustaría conocer a ninguna persona (a nadie) de Brasil.

20. Podemos hacer algo para mejorarnos.

No podemos hacer nada para mejorarnos.

M Escribe un párrafo corto en el cual describes la selva. Estas preguntas pueden ayudarte: ¿Cómo es la vegetación? ¿el clima? ¿Hay animales? ¿insectos? ¿Hay peligros?

Individual paragraphs will vary. An example follows.

La selva presenta un aspecto formidable. La vegetación es densa y de un verde tan oscuro que

casi parece negro. Los árboles son tan altos y hojeados que no permiten que penetre el sol.

En la selva tropical hace mucho calor y es muy húmedo. Todo parece estar mojado. Abundan

en la selva animales peligrosos e insectos cuyas mordeduras irritan.

LA MUJER

PRIMERA LECTURA

Carta a una consejera

15 Elm Street
Chicago, Illinois
5 de junio

Sra. Consejera
El Diario
Apartado 333
Asunción, Paraguay

Estimada Sra. Consejera:

Tengo quince años y soy paraguaya. Mi padre trabaja para una compañía internacional y en enero nos mudamos a los Estados Unidos. Ahora soy alumna del primer año en una escuela secundaria bien diferente que el colegio que conocía en Asunción. Soy tímida y sé solamente unas pocas palabras en inglés. Por eso, no he hecho muchos amigos aunque todos han sido muy amables conmigo.

Hace un mes conocí a Ricardo, un muchacho del cuarto año. Es un joven encantador, muy popular, y parece que me encuentra simpática y atractiva. Tres veces me ha invitado a salir con él pero mis padres, que son chapados a la antigua (*old-fashioned*), no lo permiten. No conocen a Ricardo y dicen que no quieren conocerlo porque soy demasiado joven para salir en cita con un «senior». Temo que su interés se marchite.

Le escribo a usted, señora Consejera, porque cuando vivíamos en Asunción, siempre leía con interés sus soluciones para los problemas juveniles. ¿Qué debo hacer? Ayúdeme, por favor.

Joven y triste,
Inés Orrego

Comprensión

Contesta en frases completas las siguientes preguntas.

1. ¿De dónde es Inés Orrego?

   Inés Orrego es de Paraguay.

2. ¿A qué escuela asiste ella?

   Ella asiste a una escuela secundaria en los EE.UU.

3. ¿Por qué no ha hecho muchos amigos en los Estados Unidos?

   Ella no ha hecho muchos amigos porque es tímida y sabe pocas palabras en inglés.

4. ¿Cómo es Ricardo?

   Ricardo es un joven encantador y popular.

5. Explica lo que significa la expresión "chapado a la antigua".

   Se refiere a los que tratan de vivir y portarse según viejas costumbres.

6. ¿De qué tiene miedo la escritora de la carta?

   La escritora de la carta tiene miedo de que el interés se marchite.

7. ¿Qué pide ella a la Sra. Consejera?

   Ella le pide ayuda a la Sra. Consejera.

SEGUNDA LECTURA

Hacia la independencia
(por Soledad Rodríguez)

El sentirse independiente es sin duda un factor importante para que la mujer se estime a sí misma; y si no logra quererse, difícilmente podrá amar a los demás. Para ello es fundamental que se conozca bien, con sus cualidades y también sus limitaciones.

La independencia podrá ser mantenida en la medida que se haya establecido un sentido de identidad y una forma de vida consistente con las propias potencialidades. Este proceso de lograr la identidad continúa a lo largo de la vida, en distintas formas, en las etapas de las diferentes edades.

La independencia es una actitud interna, basada en la capacidad de elegir, de allí que la identidad de una persona no consiste en lo que ella «es», sino en lo que por razones conscientes e inconscientes «eligió ser».

Para ser independientes las mujeres primero deben tener las ganas de serlo; luego tienen que trabajar con ellas mismas para conocerse y desarrollarse como personas, pero al parecer también habría que trabajar para educar mejor a los hombres. Si bien ellos le han concedido a las mujeres el voto, la educación y el derecho a trabajar fuera de la casa, el concepto que ellos aún tienen de las mujeres y de sus posibilidades dista mucho de ser psicológicamente maduro.

Comprensión

A Contesta en frases completas las siguientes preguntas.

1. ¿Para qué es un factor importante el sentirse independiente?

   Es importante el sentirse independiente para que la mujer se estime a sí misma.

2. ¿Hasta cuándo dura el proceso de lograr la identidad?

   El proceso de lograr la identidad continúa a lo largo de la vida.

3. ¿Por qué es la independencia una actitud interna?

   La independencia es una actitud interna porque está basada en la capacidad de elegir.

4. Para ser independientes, ¿qué es lo primero que deben tener las mujeres?

   Para ser independientes, lo primero que deben tener las mujeres es las ganas de serlo.

5. Según la lectura, ¿qué les han concedido los hombres a las mujeres?

Les han concedido el voto, la educación y el derecho a trabajar fuera de la casa.

6. Según las conclusiones recogidas por la autora, ¿qué deben hacer las mujeres para ser independientes?

Según la autora, las mujeres deben tener ganas de serlo; trabajar con ellas mismas para conocerse

y desarrollarse como personas y trabajar para educar mejor a los hombres.

B **Cuestionario.** Cada persona en la clase debe completar el siguiente cuestionario, indicando primero su sexo. Pon "X" en la columna apropiada. Luego, sumen las respuestas y determinen si hay diferencias entre las actitudes de los hombres y las mujeres. ¿Cuáles son?

Student answers will vary on these opinion surveys.

	de acuerdo	en contra	no me importa
1. Hay ciertos trabajos que deben ser totalmente prohibidos para la mujer.	_____	_____	_____
2. El hogar y el matrimonio deben ser más importantes para la mujer que el trabajo.	_____	_____	_____
3. Los hombres deben ganar más que las mujeres porque son tradicionalmente «cabezas» de la familia.	_____	_____	_____
4. Hay oposición a que la mujer ocupe puestos de mando cuando la mayoría de los empleados son hombres.	_____	_____	_____
5. Si un hombre y una mujer hacen el mismo trabajo, deben recibir el mismo sueldo.	_____	_____	_____
6. El trabajo que hacen los chicos para ayudar en casa debe concentrarse en los trabajos que requieren fuerza física.	_____	_____	_____
7. Los novios deben considerar antes de casarse si la esposa debe seguir trabajando después de casarse.	_____	_____	_____
8. La preparación de la mujer para muchos trabajos es muy limitada.	_____	_____	_____
9. El hombre y la mujer deben dividir las responsabilidades del hogar.	_____	_____	_____
10. Los chicos no deben compartir las tareas domésticas.	_____	_____	_____

Continúa:	de acuerdo	en contra	no me importa
11. El padre tanto como la madre, debe cuidar a los chiquitos.	_____	_____	_____
12. El dinero que gana una mujer casada debe ser exclusivamente suyo.	_____	_____	_____
13. La mujer que tiene hijos no debe trabajar a menos que los hijos estén en la escuela.	_____	_____	_____
14. La mujer tiene derecho de escoger entre carrera y familia aunque su marido no lo acepte.	_____	_____	_____
15. La mujer que trabaja sufre más frustraciones en el trabajo que el hombre.	_____	_____	_____

C **Un segundo cuestionario.** Esta vez, cada persona va a reaccionar a ciertos refranes españoles. De nuevo han de sumar las respuestas y determinar las diferencias entre las actitudes de los hombres y las mujeres. ¿Cuáles son?

Student answers will vary on these opinion surveys.

	de acuerdo	en contra	no me importa
1. Cada persona debe cumplir con el fin para el que ha sido creada.	_____	_____	_____
2. Al hombre de más saber, una mujer sola le echa a perder.	_____	_____	_____
3. Donde la mujer manda, el hombre no vale nada.	_____	_____	_____
4. La mujer en casa y el hombre en la plaza.	_____	_____	_____
5. La mujer cuando se irrita, muda de sexo.	_____	_____	_____
6. La mujer sin hombre es como fuego sin leña.	_____	_____	_____
7. Los hombres ganan la hacienda y las mujeres la conservan.	_____	_____	_____
8. Hombre bermejo (*ruddy*) y mujer barbuda (*bearded*), de una legua se los saluda.	_____	_____	_____
9. El hombre donde nace y la mujer donde va.	_____	_____	_____
10. La mujer que, por rica que sea, si la preguntan más desea.	_____	_____	_____
11. La mujer buena, corona es del marido, y el marido honrado, de la mujer es dechado (*modelo*).	_____	_____	_____
12. Si no puedes lo que quieres, quiere lo que puedes.	_____	_____	_____

ESTRUCTURA

Los pronombres relativos

A **¿Hogar dulce hogar?** Una persona que conozco me invitó hace poco a su casa. Yo estaba contenta de poder visitar esa casa de la que comentaban todos. Resultó una experiencia desconcertante, pero de mucho valor para mí. Completa los verbos en el imperfecto de indicativo y conecta las dos oraciones con el relativo *que*.

Modelo: **Yo (querer) visitar la casa. La casa (estar) en lo alto de un cerro.**
Yo quería visitar la casa que estaba en lo alto de un cerro.

1. Esa familia (vivir) en una casa magnífica. La casa (tener) seis habitaciones y cuatro cuartos de baño.

   Esa familia vivía en una casa magnífica que tenía seis habitaciones y cuatro cuartos de baño.

2. En el comedor (haber) una mesa larguísima. La mesa (poder) acomodar a veinte personas.

   En el comedor había una mesa larguísima que podía acomodar a veinte personas.

3. En la biblioteca (guardarse) miles de libros. Los libros (ser) de gran valor.

   En la biblioteca se guardaban miles de libros que eran de gran valor.

4. Desde el porche yo (observar) una vista formidable. La vista (presentar) un panorama de la ciudad, el río y el bosque cercano.

   Desde el porche yo observaba una vista formidable que presentaba un panorama de la ciudad,

   el río y el bosque cercano.

5. Yo nunca (haber) visto tales roperos. Los roperos (tener) las mismas dimensiones que mi habitación.

   Yo nunca había visto tales roperos que tenían las mismas dimensiones que mi habitación.

6. En dicha casa yo (pensar) que (deber) vivir una familia feliz. La familia (ser) unida y comprensiva.

   En dicha casa yo pensaba que debía vivir una familia feliz que era unida y comprensiva.

7. Todo el tiempo (estar) en el trabajo los padres. Yo (creer) que no (trabajar).

   Todo el tiempo estaban en el trabajo los padres que yo creía que no trabajaban.

B **¡Cómo han cambiado los tiempos!** La sociedad dejó de ser conservadora, y la mujer avanzó rápidamente a ser parte íntegra del mundo actual. Vamos a describir este movimiento en breve. Combina las oraciones con *que, quien, a quien, de quien, con quien* o *para quien*.

Modelo: **La señora salió de su despacho. La conociste ayer.**
La señora, a quien conociste ayer, salió de su despacho.

1. Hace muchos años las mujeres no desarrollaban su potencial. Los padres hacían arreglos para ellas.

   Hace muchos años las mujeres para quienes los padres hacían arreglos, no desarrollaron

   su potencial.

2. Unos padres egoístas temían pasar sus últimos años a solas. Guardo resentimiento para ellos.

   Guardo resentimiento para los padres egoístas que temían pasar sus últimos años a solas.

   _____

3. Las chicas no podían salir de ese ambiente restrictivo. Les enseñaron a cocinar, a coser y a cuidar niños.

   A las chicas que no podían salir de ese ambiente restrictivo, les enseñaron a cocinar, a coser y a

   cuidar niños.

4. Más tarde con el movimiento de liberación las organizadoras protestaron la discriminación contra la mujer. Las organizadoras eran de avanzada.

   Más tarde con el movimiento de liberación las organizadoras, que eran de avanzada, protestaron

   la discriminación contra la mujer.

5. Entonces algunos padres aplaudieron los avances de las mujeres. Tuve el gusto de conocer a muchos de ellos.

   Entonces algunos padres, a quienes tuve el gusto de conocer, aplaudieron los avances de

   las mujeres.

6. Las mujeres listas no aceptaron ser ciudadanas de segunda clase. Ellas formaron la mayoría.

   Las mujeres listas, que formaron la mayoría, no aceptaron ser ciudadanas de segunda clase.

   _____

7. Es cuando los padres comenzaron a educar a las hijas para ser independientes. Estamos orgullosos de ellos.

   Es cuando los padres de quienes estamos orgullosos, comenzaron a educar a las hijas para ser

   independientes.

C Combina las dos oraciones en una usando un pronombre relativo apropiado.

Modelo: **El grupo está en el restaurante. Es mi familia.**
El grupo que está en el restaurante es mi familia.

1. Estos son nuestros parientes. Vivimos con ellos.

   Estos son nuestros parientes con quienes vivimos.

2. El rastreador es un personaje interesante. Sus aseveraciones hacen fe en los tribunales menores.

   El rastreador es un personaje interesante cuyas aseveraciones hacen fe.

3. Es mi amigo Miguel. Fui al cine con él anoche.

   Miguel, con quien fui al cine anoche, es mi amigo.

4. Muchas madres se preparan para carreras diferentes. Sus hijos ya son mayores.

   Muchas madres, cuyos hijos ya son mayores, se preparan para carreras diferentes.

5. La mujer es una bailarina. Hablo de ella con frecuencia.

   La mujer, de quien hablo con frecuencia, es una bailarina.

6. Los amigos son de Torremolinos. Salgo con ellos de vez en cuando.

   Los amigos con quienes salgo de vez en cuando son de Torremolinos.

7. Viajan cada verano. Debe ser muy educativo.

   Viajan cada verano lo cual debe ser muy educativo.

8. Él nunca lleva dinero en su cartera. Me extraña.

   Él nunca lleva dinero en su cartera lo cual me extraña.

D Selecciona uno de los siguientes pronombres relativos para completar correctamente las siguientes frases: *el que, la que, el cual, la cual, los que, las que, los cuales, las cuales, lo que, lo cual.*

1. Vi a la mujer del hombre _____la cual_____ estaba enferma.

2. Me dio dos pesetas _____lo cual_____ no me gustó.

3. Recetaron medicinas sin _____las cuales_____ sería difícil restablecerme.

4. Indicó la mesa sobre _____la cual_____ estaban los libros.

5. La juventud, por _____la cual_____ pasamos todos, puede ser una etapa difícil.

6. Era el soldado por _____el cual_____ se sacrificó.

7. Vamos a darle _____lo que_____ pidió.

8. Llegamos a tiempo _____lo que_____ agradó al profesor.

9. Vamos a visitar esta iglesia _____la cual_____ es famosa por sus altares dorados.

10. Yo no sé de _____lo que_____ estás hablando.

E Completa con la forma apropiada de *cuyo.*

1. Allí está el estudio del artista _____cuyos_____ retratos son carísimos.

2. Es una bailarina _____cuyo_____ talento es incomparable.

3. Quiero presentarte a mi amigo _____cuya_____ hermana está viajando por Europa.

4. Es el estudiante _____cuya_____ familia es de Puerto Rico.

5. Busco un mercado _____cuyas_____ frutas sean siempre frescas.

6. Ésta es una institución _____cuyos_____ interés es la igualdad de la mujer.

7. Ella es la autora _____cuyo_____ libro compré ayer.

8. Éste es el niño _____cuyo_____ padre es mi amigo.

9. Es una ciudad _____cuya_____ gente es muy amable.

10. Ésta es una companía _____cuyos_____ empleados son muy eficientes.

La formación de los adverbios

F Indica el adverbio que se puede formar de cada uno de los siguientes adjetivos.

Adjetivo	Adverbio
1. flojo	1. flojamente
2. feliz	2. felizmente
3. descortés	3. descortésmente
4. seguro	4. seguramente
5. igual	5. igualmente
6. frecuente	6. frecuentemente
7. hábil	7. hábilmente
8. popular	8. popularmente
9. curioso	9. curiosamente
10. pausado	10. pausadamente

Los números ordinales

G Traduce las palabras inglesas usando los ordinales indicados.

1. Se destacaron muchos artistas en el (Nineteenth Century) _siglo diecinueve_ .

2. El día de Todos los Santos es (November first) _el primero de noviembre_ .

3. Hay muchos teatros en (42nd Street) _la calle cuarenta y dos_ .

4. Pronto brotarán (the first) _las primeras_ flores de la primavera.

5. En esa época (Louis the Fourteenth) _Luis Catorce_ era rey de Francia.

6. Ellos viven en (the third) _el tercer_ piso de este edificio.

7. Goya pintó una obra llamada (the Second of May) _el Dos de mayo_ .

8. Los (first) _primeros_ capítulos de esta novela son los más interesantes.

9. No leas (the thirteenth chapter) _el capítulo trece_ .

10. La secretaria trabaja en (the third) _la tercera_ oficina.

11. Busca el (first) _primer_ libro en el (third) _tercer_ estante.

H Traduce al español el siguiente párrafo. Nota que será necesario emplear ejemplos de las estructuras recién aprendidas.

On the first of January, my cousin, who lives in Guatemala, will celebrate her sixteenth birthday. She is my oldest cousin and the one whose mother is the best lawyer in their city. Would that I had a lot of money! If I were rich, I would travel to Guatemala to attend her party. I would buy the biggest and most expensive gift from the best store downtown, dress in the newest suit I have and fly on the fastest plane to see her. She is the nicest person I know, and if it were possible, I'd like to surprise her. I would even take my younger brother with me (I am the oldest of three). Unfortunately, I have no money, and no one wants to go with me!

El primero de enero, mi prima, que vive en Guatemala, celebrará su cumpleaños dieciséis. Ella es

mi prima mayor cuya madre es la mejor abogada de su ciudad. ¡Ojalá que tuviera mucho dinero!

Si fuera rico(a), viajaría a Guatemala para asistir a su fiesta. Compraría el regalo más grande y más

caro de la mejor tienda del centro, me vestiría del traje más nuevo que tengo y volaría en el avión

más rápido para verla. Ella es la persona más simpática que conozco, y si fuera posible, me

gustaría sorprenderla. Aun llevaría conmigo a mi hermano menor (yo soy el/la mayor de tres).

¡Desafortunadamente, no tengo dinero y nadie quiere acompañarme!

_____

_____

_____

CUADRO
11

LA FANTASÍA Y LA IMAGINACIÓN

PRIMERA LECTURA

El Carnaval

El Carnaval, que se celebra durante los tres o cuatro días antes del Miércoles de Ceniza, representa una evasión de la vida cotidiana. Es ocasión para actuar, dentro de cierto límite, como a uno le dé la gana, de hacer las cosas que no se pensarían hacer en la vida corriente. Se olvidan los asuntos urgentes de la vida, se rechazan los desengaños y la seriedad, se entierra el mal humor. Un médico añadiría: se evitan los trastornos nerviosos.

En todas las ciudades que se distinguen por el brío y colorido de su Carnaval (Río de Janeiro, Montevideo, la Habana) se abre la temporada de Carnaval con la llegada triunfal de Momo, mítico rey del Carnaval. El rey Momo no es nada más que un fantoche (*puppet*) gigantesco sentado en un trono de oro. Acompañan la carroza real los miembros de la corte y tipos tradicionales, tales como Lucifer, esqueletos que bailan, don Condorito con la cabeza del cóndor, don Burro con la cabeza del asno y otros colegas extraños.

Al llegar a una plaza principal el rey Momo recibe las llaves de la ciudad, proclama por decreto real la caída del gobierno viejo y el establecimiento de la alegría y de la insensatez.

¡Viva el rey Momo! Desde aquel momento empiezan las mascaradas, los confeti, las serpentinas, el bullicio y los bailes.

Por la América Latina muchos son los Pierrots que cantan a la luna en las noches de Carnaval. Hay unos que cantan por amor al canto, otros que buscan en la pálida luz lunar algún alivio a los dolores que los oprimen.

Comprensión

Contesta en frases completas las siguientes preguntas.

1. ¿Cuándo se celebra el Carnaval en los países latinos?

   Se celebra durante los tres o cuatro días antes del Miércoles de Ceniza.

2. ¿Cuáles preocupaciones de la vida diaria se rechazan durante este tiempo?

   Los asuntos urgentes de la vida, los desengaños, la seriedad, el mal humor se rechazan durante

   este tiempo.

3. ¿Cuáles son algunas de las ciudades que se distinguen por el colorido de su Carnaval?

Algunas de las ciudades que se distinguen por el colorido de su Carnaval son Río de Janeiro,

Montevideo y La Habana.

4. ¿Quién es Momo?

Momo es el mítico rey del Carnaval.

5. ¿Quiénes acompañan la carroza real?

Los miembros de la corte y tipos tradicionales (Lucifer, esqueletos, don Condorito, don Burro)

acompañan la carroza real.

6. ¿Qué proclama el rey-fantoche al llegar a la plaza principal?

El rey-fantoche proclama la caída del gobierno viejo y el establecimiento de la alegría.

7. ¿Qué cosas tira la gente durante los desfiles y el bullicio general?

Durante los desfiles y el bullicio general la gente tira los confeti y las serpentinas.

8. ¿Qué hacen los que se visten de Pierrot durante las celebraciones?

Los que se visten de Pierrot cantan a la luna.

SEGUNDA LECTURA

Medicina Milagrosa
(de *Nosotros, No* por José Bernardo Adolph)

Aquella tarde cuando tintinearon (*jingled*) las campanillas de los teletipos y fue repartida la noticia como un milagro, los hombres de todas las latitudes se confundieron en un solo grito de triunfo. Tal como había sido predicho doscientos años antes. Finalmente el hombre había conquistado la inmortalidad en 2168.

Todos los altavoces del mundo, todos los transmisores de imágenes, todos los boletines destacaron esta gran revolución biológica. También yo me alegré, naturalmente, en un primer instante.

¡Cuánto habíamos esperado este día!

Una sola inyección, de cien centímetros cúbicos, era todo lo que hacía falta para no morir jamás. Una sola inyección, aplicada cada cien años, garantizaba que ningún cuerpo humano se descompondría nunca. Desde ese día, sólo un accidente podría acabar con una vida humana. Adiós a la enfermedad, a la senectud (*old age*), a la muerte por desfallecimiento orgánico.

Una sola inyección, cada cien años.

Hasta que vino la segunda noticia, complementaria de la primera. La inyección sólo produciría efecto entre los menores de veinte años. Ningún ser humano que hubiera traspasado la edad del crecimiento podría detener su descomposición interna a tiempo. Solo los jóvenes serían inmortales. El gobierno federal mundial se preparaba ya a organizar el envío, reparto, y aplicación de las dosis a todos los niños y adolescentes de la tierra. Los compartimientos de medicina de los cohetes llevarían las ampolletas (*small vials*) a las más lejanas colonias terrestres del espacio.

Todos serían inmortales.

Menos nosotros, los mayores, los adultos, los formados, en cuyo organismo la semilla de la muerte estaba ya definitivamente implantada… Nosotros, no.

Comprensión

Contesta en frases completas las siguientes preguntas.

1. ¿Qué noticia fue repartida una tarde por los teletipos?

   La noticia era un milagro: que el hombre había conquistado la inmortalidad en 2168.

   _____

2. ¿Cómo reaccionaron todos?

   Todos reaccionaron con alegría; fue como un solo grito de triunfo.

3. ¿Cuándo había sido predicho este milagro?

   Este milagro había sido predicho doscientos años antes.

4. ¿Qué fue el milagro?

   El milagro era que una sola inyección garantizaba la inmortalidad.

5. ¿Cada cuándo se debía dar la inyección?

   La inyección se debía dar cada cien años.

6. ¿Qué garantizaba la inyección?

   La inyección garantizaba que el cuerpo humano no se descompondría nunca.

7. ¿Qué es la única cosa que podía invertir los resultados esperados de la medicina?

   La única cosa que podía invertir los resultados esperados de la medicina era solo un accidente.

8. ¿Cuál fue la segunda noticia?

   La inyección sólo produciría efecto en los menores de veinte años.

9. ¿Quiénes serían inmortales?

   Solo los jóvenes serían inmortales.

10. ¿Quién organizaba la distribución de las dosis?

    El gobierno federal mundial organizaba la distribución de las dosis.

11. ¿A quiénes pensaba darlas?

    El gobierno pensaba dar la vacuna a todos los niños y adolescentes de la tierra.

12. ¿Cómo iban a transportar la medicina? ¿Adónde?

    Iban a transportar la medicina en ampolletas por cohetes a las más lejanas colonias terrestres del espacio.

13. ¿Por qué somos «nosotros» quienes no van a aprovecharse de la medicina milagrosa?

    «Nosotros» somos quienes no van a aprovecharse de la medicina milagrosa porque la semilla de la muerte está ya implantada en los mayores.

14. En tu opinión, ¿pertenecen los cuentos de ciencia-ficción al mundo de la fantasía?

    Sí, los cuentos de ciencia-ficción pertenecen al mundo de la fantasía porque reflejan la fantasía y la imaginación creativa del autor.

CUADRO
12

LA INSPIRACIÓN Y LA ESPERANZA

PRIMERA LECTURA

La Giralda y la Virgen de la Macarena

La Giralda fue construida por los moros y formaba parte de la antigua mezquita de Sevilla. Era la torre desde donde el almuecín (un musulmán, oficial de la mezquita) llamaba al pueblo a la oración. Cuando los Reyes Católicos, Fernando e Isabel, reconquistaron la ciudad, destruyeron la mezquita e hicieron construir la catedral.

La catedral de Sevilla es la tercera más grande del mundo. La Giralda se conserva como torre de la catedral y campanario. Se sube a la Giralda por una serie de rampas que se construyeron, según la tradición, para que el rey moro pudiera subir montado a caballo. Desde lo alto se ve toda la hermosa ciudad y a lo lejos los picos de la legendaria Sierra Morena. Como dice el refrán: ¡Quien no ha visto a Sevilla, no ha visto maravilla!

La Virgen de la Macarena es la Santa Patrona que inspira a los devotos de Sevilla. La figura de ella es una de las más bellas y ornamentadas del mundo. Vale unos cuatro millones de dólares. La capa y el vestido de la Virgen están adornados de joyas preciosas tales como rubíes, esmeraldas, perlas y zafiros. Cada lágrima en sus mejillas es un diamante perfecto. La Macarena también es la patrona de los toreros. Otras imágenes de la Virgen de la Macarena se encuentran en las capillas de las plazas de toros donde suelen ir los toreros a rezar, pidiendo valor, protección e inspiración en la corrida.

Comprensión

Contesta en frases completas las siguientes preguntas.

1. ¿Quiénes construyeron la Giralda?

   Los moros construyeron la Giralda.

2. ¿Para qué servía la torre?

   La torre servía para llamar al pueblo a la oración.

3. ¿Durante el reino de cuáles reyes fue destruida la Giralda?

   La Giralda fue destruida durante el reino de los Reyes Católicos, Fernando e Isabel.

4. ¿Cómo se sube a la Giralda?

   Se sube a la Giralda por una serie de rampas.

5. ¿Para qué había rampas conduciendo a lo alto de la torre?

Habían rampas para que el rey moro pudiera subir montado a caballo.

_____

6. ¿Quién es la Santa Patrona de Sevilla?

La Virgen de la Macarena es la Santa Patrona de Sevilla.

7. ¿Cuánto valen la figura y el vestuario de ella?

La figura y el vestuario de la virgen valen unos cuatro millones de dólares.

_____

8. Describe el vestido de la figura de la Virgen de la Macarena.

Su vestido está adornado de joyas preciosas como rubíes, esmeraldas, perlas y zafiros.

_____

9. ¿Cuáles de las joyas representan las lágrimas de la figura?

Los diamantes representan las lágrimas de la figura.

SEGUNDA LECTURA

Consejos de Polonio

Las responsabilidades de los padres hacia los niños son numerosas. Desde su nacimiento hasta la adolescencia hay que abrigarlos, protegerlos, amarlos y ayudarlos, escucharlos y comprenderlos, cuidarlos y aconsejarlos. Y, esperar que un día sean adultos, sanos e inteligentes, productivos e independientes.

La selección que sigue viene del Acto I, Escena III de *Hamlet* por William Shakespeare. Laertes es amigo de Hamlet, hermano de Ofelia e hijo de Polonio. Va de Dinamarca a Francia para seguir con sus estudios. Está por embarcarse cuando llega su padre y le pronuncia estas palabras inspirativas de consejo respecto a su comportamiento mientras esté en el extranjero.

Polonio: ¿Aún aquí, Laertes? ¡A bordo, a bordo!
Ya infla el viento las velas de la nave
y aún no embarcas. Te doy mi bendición
y unos consejos para que los grabes
en tu mente. No des lengua ni acción
a un desproporcionado pensamiento.
Sé sencillo, pero jamás grosero.
Los amigos que tengas bien probados
márcalos en tu alma con acero,
pero no des tu mano fácilmente
al que apenas salió del cascarón.
Guárdate de mezclarte en una riña
pero si riñes, que de ti se guarden.
Da oído a todos y a pocos tu voz.
Sufre la censura y reserva el juicio.
Lleva el atenduo que tu bolsa alcance,
rico, sin alarde ni extravagancia
porque el traje comúnmente define
al individuo y mucho más en Francia
donde los de alta alcurnia o posición
son en esto escogidos y rumbosos.
A nadie prestes ni pidas prestado
porque perderás préstamo y amigo
mellando el filo de tu economía.
Y sobre todo: sé fiel a ti mismo,
que así como la noche sigue al día,
con nadie has de ser falso ni desleal.
Mi bendición sazone estos consejos.

Comprensión

Escribe una frase resumiendo lo que aconseja Polonio respecto a cada una de las siguientes sugerencias.

1. el pensamiento:

    No des ni voz ni acción a los pensamientos desproporcionados.

    _____

2. los amigos:

    Marca bien los amigos probados, pero no pongas demasiada confianza en los nuevos.

    _____

3. las riñas:

    No te mezcles en las riñas, pero si estás en una, sé valiente.

    _____

4. el vestido:

    No gastes más de lo que tienes y siempre empleando buen gusto.

    _____

5. el dinero:

    No prestes a nadie; ni pidas prestado.

6. la lealtad a sí mismo

    Sobre todo, sé fiel a ti mismo y luego no puedes ser falso ni desleal con nadie.

    _____

TERCERA LECTURA

Ananké (*Fate*)
(por Rafael Arévalo Martínez)

Cuando llegué a la parte en que el camino
se dividía en dos, la sombra vino
a doblar el horror de mi agonía.
¡Hora de los destinos! Cuando llegas
es inútil luchar. Y yo sentía
que me solicitaban fuerzas ciegas.

Desde la cumbre en que disforme lava
escondía la frente de granito
mi vida como un péndulo oscilaba
con la fatalidad de un «está escrito».

Un paso nada más y definía
para mí la existencia o la agonía,
para mí la razón o el desatino…
Yo di aquel paso y se cumplió un destino.

Comprensión

Contesta en frases completas las siguientes preguntas.

1. ¿En qué momento de su vida se encuentra el poeta?

   El poeta se encuentra en un momento de indecisión cuando tiene que ejercer opciones; será al

   llegar a la madurez cuando a veces es difícil enfrentar la vida.

2. ¿Qué complicó más su decisión?

   Complicó más su decisión la idea de que tal vez todo «está escrito».

3. ¿Qué actitud hacia la vida expresa el poeta?

   La fatalidad es la actitud que expresa el poeta hacia la vida.

4. ¿Cuáles eran las dos divisiones en el camino?

   Las dos divisiones eran la razón y el desatino; existencia o agonía; vida o muerte.

NOTES

AUDIO ACTIVITIES

To the Teacher:

The Audio Activities are designed to be used with the Audio Program that accompanies **Galería de arte y vida**. The Audio Program contains a variety of activities designed to help students improve both their receptive and productive skills. The varied recorded activities include listening; listening with a spoken response; listening and writing. The Audio Activities pages include all the written activities in the Audio Program.

ACKNOWLEDGMENTS

The authors would like to thank the following publishers, authors, and holders of copyright for their permission to reproduce excerpts from the following literary works. Every reasonable effort has been made to locate the copyright holder of these works.

"La pintura moderna" by John M. Pittaro, from *Cuentecitos*, 1968, published by Regents Publishing Company, reprinted by permission of Simon & Schuster Higher Education Group.

"El gato de Sèvres" by Marco A. Almazán, from *El libro de las comedias*, 1976 published by Editorial Jus, A.A., México, D.F.

"El mensajero de San Martín" from *Segundo curso progresando*, published by D.C. Heath and Company, Boston, Massachusetts.

"El Alcázar no se rinde" by Carlos Ruiz de Azilú, from *Temas españoles*, published by Publicaciones Españoles, Madrid, Spain.

"La yaqui hermosa" by Amado Nervo, from *Obras completas*, Vol. 20, *Cuentos misteriosos*, published by Ruiz-Castilla y Cía., S.A., Editorial Biblioteca Nueva, Madrid, Spain.

"Rosa Leyes, el indio" by Alberto Cortez, from *Equipaje*, © Alberto Cortez, © Emecé Editories S.A., 1986—Buenos Aires, Argentina.

"El lago encantado" from *Cuentos contados*, edited by Pittaro and Green, copyright 1925. Reprinted by permission of D.C. Heath and Company.

"La vieja del candilejo" by Antonio Jiménez-Landi, from *Leyendas de España*, 1967, published by Aguilar S.A., Madrid, Spain.

"La camisa de Margarita" by Ricardo Palma, from *An Anthology of Spanish American Literature*, Vol. I, 2/e, 1968, pp. 323-325. Reprinted by permission of Prentice-Hall, Inc., Englewood Cliffs, New Jersey.

"El abanico" by Vicente Riva Palacio, from *Cuentos del general*, 1929, published by Editorial "Cultura," México, D.F.

"La pared" by Vicente Blasco Ibáñez, from *La Condenada*, 1919, published by Prometeo, Sociedad Editorial, Valencia, Spain.

"Cuando un amigo se va" by Alberto Cortez, from *Equipaje*, © Alberto Cortez, © Emecé Editores S.A., 1986—Buenos Aires, Argentina.

"Una esperanza" by Amado Nervo, from *Obras completas*, Vol. 5, *Cuentos misteriosos*, published by Ruiz-Castilla y Cía., S.A., Editorial Biblioteca Nueva, Madrid, Spain.

"Mejor que perros" by José Mancisidor, from *Escritores contemporáneos de México*, 1949, courtesy of José Arnaldo Mancisidor Varela.

"La persecución de Villa" by Samuel M. Lozano, from *Antología del corrido revolucionario*, published by Brambila Musical, México, D.F.

"En el fondo del caño hay un negrito" by José Luis González, from *En este lado*, published by Los Presentes, México, D.F.

"Fuego infantil" by Luis Palés Matos.

"¿Soy yo quién anda?" by Juan Ramón Jiménez, from *Segunda Antología poética* (1898–1918), © 1933, published by Espasa-Calpe S.A., Madrid, Spain.

"A la deriva" by Horacio Quiroga, from *Biblioteca Roda*, published by Claudio García y Cía., Editores, Montevideo, Uruguay.

"La cita" by Raquel Banda Farfán, from *Siglo veinte*, 1968, originally published by Holt, Rinehart and Winston.

"Hacia la independencia" by Soledad Rodríguez, from *Paula*, July, 1986, published by Cochrane, S.A., Santiago, Chile.

"Las 'nuevas' madres" by Christiane Collange, from *Yo, tu madre*, published by Seix Barral, Barcelona, Spain.

"General, Tierra y Libertad" by B. Traven, translated by Rosa Elena Luján.

"Sueño de una noche de agosto" by Gregorio Martínez Sierra, from *Obras completas*, vol. III, 1920.

Rupturas by Lidia Falcón. Copyright 1985. Published by Editorial Fontanella, S.A., Barcelona, Spain.

Audio Activities
CONTENIDO

Cuadro 1   **EL ARTE**
                   Primera parte   131
                   Segunda parte   134

Cuadro 2   **EL HUMORISMO**
                   Primera parte   138
                   Segunda parte   141

Cuadro 3   **EL HEROÍSMO**
                   Primera parte   146
                   Segunda parte   152

Cuadro 4   **EL INDIO**
                   Primera parte   157
                   Segunda parte   162

Cuadro 5   **LA LEYENDA**
                   Primera parte   165
                   Segunda parte   168

Cuadro 6   **SENTIMIENTOS Y PASIONES**
                   Primera parte   173
                   Segunda parte   ·176

Cuadro 7   **TIERRA Y LIBERTAD**
                   Primera parte   181
                   Segunda parte   187

Cuadro 8   **EL ÚLTIMO VIAJE**
                   Primera parte   192
                   Segunda parte   197

Cuadro 9   **CAPRICHOS DEL DESTINO**
                   Primera parte   201
                   Segunda parte   205

Cuadro 10   **LA MUJER**
                   Primera parte   210
                   Segunda parte   214

INDEX FOR CDs

CD	Cuadro/Parte	Time
1	1—Primera parte	21:12
	1—Segunda parte	18:00
2	2—Primera parte	19:40
	2—Segunda parte	19:46
3	3—Primera parte	32:05
	3—Segunda parte	34:05
4	4—Primera parte	28:25
	4—Segunda parte	18:13
5	5—Primera parte	21:55
	5—Segunda parte	29:49
6	6—Primera parte	18:10
	6—Segunda parte	26:25
7	7—Primera parte	34:50
	7—Segunda parte	24:16
8	8—Primera parte	34:15
	8—Segunda parte	26:57
9	9—Primera parte	29:15
	9—Segunda parte	24:37
10	10—Primera parte	26:55
	10—Segunda parte	28:25

CUADRO 1 / EL ARTE

Actividad 1
(Text page 22)

Listen to the conversation.

Carlos: Un momento, Lalo. ¿Adónde vas con tanta prisa?

Lalo: ¡Qué milagro encontrarme contigo aquí! ¿Conoces a Nela Gómez? Vamos al Museo de Arte Contemporáneo. ¿Por qué no vienes con nosotros? Dicen que vale la pena.

Carlos: ¿Puedo alcanzarlos un poco más tarde? Tengo el coche de mi padre y tengo que entregárselo en seguida. Él me espera muy impaciente porque los jueves siempre visita a mi abuela.

Lalo: No hay problema. El museo no se cierra hasta las ocho. Creo que puedes ver todo en un par de horas.

Carlos: Vale. No quiero perderme esa exhibición tan discutida.

Actividad 2

Listen to the conversation again. After the conversation you will hear several questions. For each question there are three possible answers. On your activity sheet circle the letter that corresponds to the correct answer.

1. ¿Quién acompaña a Lalo? (b)

2. ¿Adónde van ellos? (b)

3. ¿Por qué no puede ir Carlos con ellos en seguida? (c)

4. ¿Por qué le espera muy impaciente el padre? (b)

5. ¿A qué hora se cierra el museo? (a)

Actividad 3
(Text page 26)

Listen to the situation.

Claudio pregunta a Marisa los planes de ella y de otros para esta tarde.

Answer the questions according to the model, using the cues provided.

¿Trabajas después de clases? (descansar)
No trabajo porque descanso después de clases.

1. ¿Cantas con el coro? (bailar en los programas)
   (No canto con el coro porque bailo en los programas.)

2. ¿Limpia Ricardo sus pinceles los sábados? (pintar más el cuadro)
   (Ricardo no limpia sus pinceles porque pinta más el cuadro.)

3. ¿Estudian Mario y Teresa en la biblioteca después de las clases? (visitar siempre museos de arte)
   (Mario y Teresa no estudian porque siempre visitan museos de arte.)

4. ¿Llevas tus libros a casa? (dejarlos en el colegio)
    (No llevo mis libros porque los dejo en el colegio.)

5. ¿Viajan tus padres con frecuencia? (no, trabajar mucho)
    (Mis padres no viajan con frecuencia porque trabajan mucho.)

Actividad 4
(Text page 27)

Listen to the situation.

Algunos turistas buscan regalos para familiares y amigos.

Now you will hear a series of statements. Each statement is followed by a question. Answer the questions according to the model.

En el correo Aurelio escribe y manda tarjetas postales a sus primos.
¿Qué hace Aurelio en el correo?
Aurelio escribe y manda tarjetas postales a sus primos.

1. En el museo del Prado, Pilar examina y escoge una reproducción de *Las Hilanderas*, de Velázquez, para su madre.
    ¿Qué hace Pilar en el museo del Prado?
    (Pilar examina y escoge una reproducción de *Las Hilanderas*, de Velázquez, para su madre.)

2. En el Centro de Artesanía yo descubro y admiro una guitarra para mi sobrino que sabe tocar.
    ¿Qué hago yo en el Centro de Artesanía?
    (Tú descubres y admiras una guitarra para tu sobrino que sabe tocar.)

3. En la playa de Cancún Jorge y Javier ven y compran un sombrero de paja para el jardinero.
    ¿Qué hacen Jorge y Javier en la playa de Cancún?
    (Jorge y Javier ven y compran un sombrero de paja para el jardinero.)

4. En el mercado de Huancayo, Perú, Angélica y yo pedimos y pagamos una máscara antigua para nuestra colección.
    ¿Qué hacemos nosotros en el mercado de Huancayo, Perú?
    (Nosotros pedimos y pagamos una máscara antigua para nuestra colección.)

5. En el Museo de Antropología de México tú escuchas y escoges un disco de música folklórica para el departamento.
    ¿Qué haces tú en el Museo de Antropología de México?
    (Yo escucho y escojo un disco de música folklórica para el departamento.)

Actividad 5
(Text page 29)

Answer the following questions using the cued response in the present tense.

¿Qué haces al despertarte?
(despertarse y moverse en la cama)
Me despierto y me muevo en la cama.

1. (pensar) en mis deberes y (entender) que debo aplicarme más en mis estudios
    (Pienso en mis deberes y entiendo que debo aplicarme más en mis estudios.)

2. (acordarse) del paseo de anoche y (sentirse) feliz
    (Me acuerdo del paseo de anoche y me siento feliz.)

3. (recordar) que ya es hora de levantarme y luego (almorzar) con la familia
    (Recuerdo que ya es hora de levantarme y luego almuerzo con la familia.)

4. (servir) café a todos y (sentarse) a charlar un rato en el comedor
    (Sirvo café a todos y me siento a charlar un rato en el comedor.)

5. (encontrar) raras las ideas de mis padres y (defender) mis opiniones lógicamente
    (Encuentro raras las ideas de mis padres y defiendo mis opiniones lógicamente.)

6. (vestirme) de vaqueros y (sonreír) al ver mi imagen en el espejo
    (Me visto de vaqueros y sonrío al ver mi imagen en el espejo.)

7. antes de irme (repasar) mis lecciones de francés y (repetir) las frases difíciles
    (Antes de irme repaso mis lecciones de francés y repito las frases difíciles.)

8. (despedirme) de mi madre y (cerrar) la puerta al salir
    (Me despido de mi madre y cierro la puerta al salir.)

Actividad 6
(Text page 36)

Listen to the situation.

La familia de Marco se trasladó de Albuquerque a San Antonio para vivir. Marco echa de menos a sus compañeros de antes y cree que no va a estar contento. Sus nuevos vecinos tratan de convencerle que lo va a pasar bien.

Now listen to a series of questions that Marco asks of his new neighbors. Answer the question with *no* and complete your answer with adjectives that have a contrary meaning.

  ¿Es la escuela pequeña y fea?
  No, es grande y bonita.

1. ¿Es la escuela vieja y mala?
    (No, es nueva y buena.)

2. ¿Son las clases grandes y aburridas?
    (No, son pequeñas e interesantes.)

3. ¿Son los profesores aburridos y desinteresados en los alumnos?
    (No, son interesantes e interesados en los alumnos.)

4. ¿Son los administradores estrictos y tacaños con los materiales?
    (No, son flexibles y generosos con los materiales.)

5. ¿Son los laboratorios de ciencias anticuados y mal equipados?
    (No, son modernos y bien equipados.)

6. ¿Son los entrenadores de fútbol incomprensivos, severos e incompetentes?
    (No, son comprensivos, indulgentes y competentes.)

Actividad 7

Listen to the narrative.

Se llama Joaquín Torres García. Pasa su niñez en Uruguay, su juventud en Cataluña y la edad adulta en varias capitales de las Américas y de Europa. Es escritor, profesor y artista. Pinta cuadros murales de escenas bucólicas de Cataluña y dibuja carteles en el estilo de Toulouse-Lautrec, bodegones y arte en abstracto. También construye juguetes de madera. Se inspira en las obras de los cubistas y otros artistas de su tiempo, pero no se dedica por completo a ningún estilo. Es Joaquín Torres García que durante su vida lucha para ser reconocido.

Actividad 8

Listen to the narrative again. After the narrative you will hear three questions. For each question there are three possible answers. Circle the letter that corresponds to the correct answer on your activity sheet.

1. ¿Dónde pasa el artista Joaquín García su niñez? (a)
2. ¿Qué construye el artista con madera? (c)
3. ¿En qué se inspira el artista? (b)

Actividad 9

Listen to this letter that Carlos received from his traveling friend.

Querido Carlos:

Hace un mes que vagabundeo por Europa. De Italia, di un salto y caí en Barcelona. Me encanta la ciudad. Acabo de visitar la Iglesia de la Sagrada Familia. Construida por el arquitecto catalán Antonio Gaudí, la iglesia es algo caprichosa por su forma imaginativa, sus torres interesantes y la escultura de sus figuras ornamentales. Gaudí era un verdadero espíritu libre, un poco excéntrico, pero eso no quiere decir que no tenía talento. Construyó edificios con pilas y columnas inclinadas, dando nueva vitalidad a la línea, al espacio y al volumen.

Sé que eres pecador y rezas poco, pero si llegas a Barcelona tienes que visitar este fenómeno como turista. El arquitecto ya está muerto y la iglesia todavía no está terminada, pero no te va a caer en la cabeza.

Recuerdos a todos. Te echo de menos,

Luis

Actividad 10

Listen to the letter again. After the letter you will hear several questions. For each question there are three possible answers. Circle the letter of the correct answer on your activity sheet.

1. ¿Dónde está Luis cuando le escribe la carta a Carlos? (c)
2. ¿Qué acaba de visitar? (a)
3. ¿Cómo se llama el arquitecto catalán que la construyó? (c)
4. ¿Cómo era Gaudí? (b)
5. ¿Qué le dice Luis a Carlos en sus últimas líneas? (c)

Segunda parte

Actividad 1
(Text page 18)

Listen to the following conversation between an artist and his friend.

La pintura moderna

Artista: Sí, amigo mío; todo ha cambiado en el arte de la pintura moderna. La pintura está ganando, día a día, en cuanto a su utilización. Ahora no mostramos nada al espectador; nos limitamos a sugerirle . . .

Amigo: ¿Cómo? ¿Qué quiere usted decir?

Artista: Ya verá usted. Este cuadro mío representa a un ladrón robando una caja de caudales.

Amigo: Pero no veo por ninguna parte la caja.

Artista: Sí, claro. ¿Cómo va usted a ver la caja si se la ha llevado el ladrón?

Amigo: Es que tampoco veo al ladrón.

Artista: ¡Es cosa muy natural! ¿Conoce usted algún ladrón que después de robar una caja de caudales no se escape inmediatamente?

Actividad 2

Listen to the conversation again. After the conversation you will hear several questions. For each question there are three answers. Circle the letter that corresponds to the correct answer on your activity sheet.

1. ¿Qué representa el cuadro que están mirando los dos? (b)
2. Según el artista, ¿qué cambios hay en el arte de la pintura moderna? (c)
3. ¿Por qué no se ve la caja en el cuadro? (b)

Actividad 3
(Text page 37)

Listen to the situation described and the brief conversation that follows it.

La abuela de Pablo no oye bien, y es necesario repetir todo para ella. Todos debemos respetar su edad.

Es mi fotografía.
¿Eh? ¿Qué dices?
Digo que esta fotografía es mía.

Listen to the conversation again and repeat in the pause provided.

Actividad 4

Complete the following conversation according to the model.

Es mi retrato.
No te oigo. Repite.
Digo que este retrato es mío.

1. Es nuestro tapiz.
   Habla más fuerte.
   (Digo que este tapiz es nuestro.)

2. Son sus obras.
   No te entiendo. Repite.
   (Digo que estas obras son suyas.)

3. Es tu idea.
   Acércate y repite.
   (Digo que esa idea es tuya.)

4. Son nuestras pinturas.
   ¿Qué dices?
   (Digo que esas pinturas son nuestras.)

5. Es su exposición.
   Una vez más, por favor.
   (Digo que esta exposición es suya.)

6. Son nuestros cuadros.
   ¿Eh? ¡Más alto!
   (Digo que estos cuadros son nuestros.)

7. Es su salón.
   Por favor, ¡no hables tan bajo!
   (Digo que este salón es suyo.)

Listen to the situation.

En una tienda de curiosidades unos estudiantes tienen dificultades en seleccionar sus recuerdos. Piden ayuda a sus compañeros.

Answer the questions according to the model using two demonstratives in your answer.

¿Cuál de estas figuras te gusta más?
Me gusta ésta pero no me gusta ésa.

1. ¿Cuál de estos tapices te gusta más?
   (Me gusta éste pero no me gusta ése.)

2. ¿Cuál de estas estatuas les gusta más?
   (Nos gusta ésta pero no nos gusta ésa.)

3. ¿Cuál de estos querubines te gusta más?
   (Me gusta éste pero no me gusta ése.)

4. ¿Cuál de estos ángeles te gusta más?
   (Me gusta éste pero no me gusta ése.)

5. ¿Cuál de las tarjetas postales les gusta más?
   (Nos gusta ésta pero no nos gusta ésa.)

6. ¿Cuál de los espejos les gusta más?
   (Nos gusta éste pero no nos gusta ése.)

7. ¿Cuál de las aguafuertes te gusta más?
   (Me gusta ésta pero no me gusta ésa.)

8. ¿Cuáles de las reproducciones les gustan más?
   (Nos gustan éstas pero no nos gustan ésas.)

Actividad 6

Listen to this narrative about architecture in Spain.

Todos los pueblos y razas que han invadido España han dejado muestras permanentes de sus esfuerzos artísticos. Los romanos, por ejemplo, construyeron coliseos, puentes, templos, arcos triunfales y el famoso acueducto de Segovia. Los árabes construyeron castillos y palacios, como la Alhambra y la Mezquita de Córdoba con sus numerosas columnas, arcos y rica ornamentación.

Pero es durante el Renacimiento que apareció una de las verdaderas maravillas de España: el Escorial. Lo construye el arquitecto Juan de Herrera, pero lo inspira el rey Felipe II. Es un edificio monumental, grandioso e imperial, y sirve como templo, cementerio de los reyes de España, biblioteca de manuscritos antiguos y museo de arte.

Actividad 7

Listen to the narrative again. After the narrative you will hear several statements. Some of them are true; some of them are false. On your activity sheet, circle the corresponding letter.

1. Varias razas han invadido España. (V)
2. Hay muestras permanentes de esfuerzos artísticos de los pueblos que han dominado a España. (V)
3. El acueducto de Segovia es una obra romana. (V)
4. El acueducto de Segovia es un coliseo. (F)

5. En el arte árabe hay arcos y rica ornamentación. (V)
6. Los romanos construyeron la Mezquita de Córdoba. (F)
7. Felipe II, rey de España, es el arquitecto del Escorial. (F)
8. El Escorial tiene un museo de arte. (V)
9. El Escorial tiene un cementerio de los reyes de España. (V)
10. El Escorial es un monumento árabe construido durante el Renacimiento. (F)

Actividad 8

Listen to the following narrative about illustrative art.

Una ilustración es un cuadro que explica y da interés a la parte escrita de una obra (tal como un libro). Puede ser una pintura, un dibujo, una foto, o algo hecho por un proceso gráfico en blanco y negro o en colores. Las primeras ilustraciones aparecieron durante la Edad Media y se llaman iluminaciones. Los monjes decoraron los manuscritos con oro, plata y colores vivos, sobre todo la primera letra de cada página o sección. Adornaron las letras con rúbricas que a veces incluyeron figuras y escenas simbólicas. El iluminador dibujó su ilustración en papel especial llamado pergamino.

Actividad 9

Listen to the narrative again. After the narrative you will hear several statements. Some of them are true; some of them are false. On your activity sheet, circle the corresponding letter.

1. Una ilustración es algo que explica y da interés a la parte escrita de una obra. (V)
2. Los procesos gráficos no se hacen en colores. (F)
3. Las primeras ilustraciones aparecieron durante la Edad Media. (V)
4. Las primeras ilustraciones se llaman iluminaciones. (V)
5. Una iluminación es la decoración de letras con oro, plata y colores vivos. (V)
6. Las iluminaciones de los monjes se llaman pergaminos. (F)

Actividad 10

Listen to the following narrative.

Un artista entra en su estudio. Está muy desanimado. Todos los días pasa por las calles buscando un comprador para sus cuadros sin resultado. Muy triste, el pobre pintor examina las pinturas que lo rodean y se sienta en la cama perdido en sus melancólicos pensamientos. De repente, la ventana se abre y entra un ladrón que silenciosamente descuelga varios cuadros de la pared y se los pone debajo del brazo.

El artista salta de la cama y sorprende al ladrón que deja caer las pinturas y corre a la ventana para escapar.

Con mucha calma el artista le dice: —No se alarme, amigo. Ud. puede llevarse los cuadros, si quiere. Pero dígame, por favor, ¿dónde los vende?

Actividad 11

Listen to the narrative again. You will then hear several questions. Circle the letter that corresponds to the correct answer on your activity sheet.

1. ¿Por qué está triste el artista? (b)
2. ¿Quién entra por la ventana? (a)
3. ¿Qué observa el artista? (c)
4. ¿Cómo reacciona el artista? (b)

CUADRO 2 / EL HUMORISMO

Primera parte

Actividad 1

Listen to the following letter written by one of the post office employees in response to Lencho's letter.

Querido Lencho:

¡Ojalá tuviéramos la fe que tiene usted! ¡Creer como usted cree! La carta que usted escribió a Dios ha caído en nuestras manos. Todos nosotros que trabajamos aquí en el correo la hemos leído. Sabemos que Dios está por todas partes, pero desgraciadamente no estamos seguros de Su residencia principal, y por eso no podemos entregarle la carta.

Sin embargo, donde una puerta se ha cerrado, otra se ha abierto. Los empleados del correo hemos hecho una colecta, pero sólo hemos reunido sesenta pesos de los cien pesos pedidos. Ojalá que sirvan y que usted pueda volver a sembrar. El hombre propone y Dios dispone.

Cordialmente,
Los empleados del correo

Actividad 2

Listen to the letter again. After the letter you will hear several questions about it. Write your answers in Spanish on your activity sheet. (Answers will vary.)

1. ¿Quiénes contestaron la carta de Lencho?
2. ¿Por qué no podía ser entregada la carta de Lencho?
3. ¿Cuánto dinero reunieron los empleados del correo?
4. ¿Qué puede hacer Lencho con el dinero?
5. ¿Qué proverbio nos dice que los deseos de uno no siempre se realizan?

Actividad 3

Listen to the following statements. Change each statement according to the model, using the expression *reírse de*.

Yo creo en la sencillez del campesino.
Yo me río de la sencillez del campesino.

1. Alberto observa la reacción de los empleados.
   (Alberto se ríe de la reacción de los empleados.)

2. Los empleados creen en la inocencia del hombre de fe.
   (Los empleados se ríen de la inocencia del hombre de fe.)

3. Nosotros leemos la respuesta de Lencho.
   (Nosotros nos reímos de la respuesta de Lencho.)

4. ¿Por qué no reacciona Ud.?
   (¿Por qué no se ríe Ud.?)

5. Yo no puedo gozar del sufrimiento de otros.
   (Yo no puedo reírme del sufrimiento de otros.)

6. Ella no comprende el humor de la selección.
   (Ella no se ríe del humor de la selección.)

7. ¿De qué hablas tú?
   (¿De qué te ríes tú?)

8. Creo que vamos a recordar esta selección.
   (Creo que vamos a reírnos de esta selección.)

Actividad 4
(Text page 76)

My grandparents are old-fashioned and insist that I address them with *usted* or *ustedes*. It seems that in turn, I always try to do something different from their first choice of activity. Listen to the sentences and form commands using the cues provided.

Quiero entrar en esa tienda de antigüedades.
Ésta está más cerca.
Entre Ud. en ésta que está más cerca.

1. Quiero mirar ese reloj. / Éste es de mejor calidad.
   (Mire Ud. éste que es de mejor calidad.)

2. Queremos observar ese plato de Sèvres. / Éste es más raro.
   (Observen Uds. éste que es más raro.)

3. Queremos escuchar esa caja de música. / Ésta es más hermosa.
   (Escuchen Uds. ésta que es más hermosa.)

4. Quiero tocar ese violín. / Éste está mejor hecho.
   (Toque Ud. éste que está mejor hecho.)

5. Quiero leer ese documento. / Éste es más interesante.
   (Lea Ud. éste que es más interesante.)

6. Quiero vender ese florero de cerámica. / Éste es más delicado.
   (Venda Ud. éste que es más delicado.)

7. Quiero comer de ese plato de porcelana. / Éste es más bonito.
   (Coma Ud. de éste que es más bonito.)

8. Queremos beber de esa copa de cristal. / Ésta es más delicada.
   (Beban Uds. de ésta que es más delicada.)

9. Quiero escribir con esa pluma antigua. / Ésta es más atractiva.
   (Escriba Ud. con ésta que es más atractiva.)

10. Queremos subir esa escalera. / Ésta es de mejor construcción.
    (Suban Uds. ésta que es de mejor construcción.)

Actividad 5
(Text page 78)

Listen to the situation.

Hoy día muchos hacen "footing" y otros ejercicios para mantenerse en buenas condiciones físicas. Cada mañana se transmite de Madrid un programa de ejercicios para animar al público. También hay un vídeo con la misma animadora esbelta y hermosa que nos habla como amiga íntima. Expresa lo que ella te dice.

Now you will hear a series of infinitive phrases. Each is an instruction that the exercise leader might give her class. Repeat the instruction, changing the infinitive to the familiar command.

comenzar despacio
Comienza despacio.

1. levantar los brazos en alto
   (Levanta los brazos en alto.)

2. tocar el pie izquierdo con la mano derecha
   (Toca el pie izquierdo con la mano derecha.)

3. poner la mano izquierda sobre el pie derecho
   (Pon la mano izquierda sobre el pie derecho.)

4. repetir esto cinco veces al compás de la música
   (Repite esto cinco veces al compás de la música.)

5. inclinarse a la derecha cuatro veces
   (Inclínate a la derecha cuatro veces.)

6. acostarse con las manos detrás de la cabeza
   (Acuéstate con las manos detrás de la cabeza.)

7. enderezarse
   (Enderézate.)

8. pararse y respirar
   (Párate y respira.)

9. torcer el cuerpo y tocar el codo derecho a la rodilla izquierda
   (Tuerce el cuerpo y toca el codo derecho a la rodilla izquierda.)

10. volver a hacer lo mismo con el codo izquierdo
    (Vuelve a hacer lo mismo con el codo izquierdo.)

11. con las piernas extendidas, estirar los brazos
    (Con las piernas extendidas, estira los brazos.)

Actividad 6
(Text page 79)

Change the following statements to the *nosotros* command form.

Entramos en este almacén.
Entremos en este almacén.

1. No entramos aquí. (No entremos aquí.)
2. Comemos en casa hoy. (Comamos en casa hoy.)
3. No comemos temprano. (No comamos temprano.)
4. Subimos en el ascensor. (Subamos en el ascensor.)
5. No subimos al quinto piso. (No subamos al quinto piso.)
6. Salimos ahora. (Salgamos ahora.)
7. No salimos con ellos. (No salgamos con ellos.)
8. Hacemos este proyecto. (Hagamos este proyecto.)
9. No hacemos esto. (No hagamos esto.)
10. Vamos al despacho. (Vamos al despacho.)
11. No vamos al despacho. (No vayamos al despacho.)
12. Nos sentamos aquí. (Sentémonos aquí.)
13. No nos sentamos aquí. (No nos sentemos aquí.)
14. Nos acercamos al jefe. (Acerquémonos al jefe.)
15. No nos acercamos al patrón. (No nos acerquemos al patrón.)

Actividad 7

In Spain it is customary to address members of the family and friends with the second person plural *vosotros* form. In this exercise, a distraught mother from America struggles to get her uncooperative children to bed. Change her commands to the *vosotros* form according to the model.

Mis angelitos, acuéstense.
Mis angelitos, acostaos.

1. No. No. No se acuesten aquí.
   (No. No. No os acostéis aquí.)

2. Digan «Buenas noches» a papi y denle un beso.
   (Decid «Buenas noches» a papi y dadle un beso.)

3. Váyanse a sus habitaciones y pónganse los pijamas.
   (Idos a vuestras habitaciones y poneos los pijamas.)

4. Cálmense. No hagan tanto ruido.
   (Calmaos. No hagáis tanto ruido.)

5. Anden por el pasillo y no despierten a la abuelita.
   (Andad por el pasillo y no despertéis a la abuelita.)

6. Lávense los dientes, pero no beban mucha agua.
   (Lavaos los dientes, pero no bebáis mucha agua.)

7. Vengan, niños. No se detengan allí.
   (Venid, niños. No os detengáis allí.)

8. No tiren el agua en el suelo.
   (No tiréis el agua en el suelo.)

9. ¡Miren lo que han hecho!
   (¡Mirad lo que habéis hecho!)

10. Limpien el suelo, pero no lo sequen con esas toallas.
    (Limpiad el suelo, pero no lo sequéis con esas toallas.)

11. No se lleven las toallas mojadas.
    (No os llevéis las toallas mojadas.)

12. No las pongan encima de las camas.
    (No las pongáis encima de las camas.)

13. Chicos, no peguen al peque con las almohadas.
    (Chicos, no peguéis al peque con las almohadas.)

14. Niños traviesos, ¡métanse en la cama!
    (Niños traviesos, ¡meteos en la cama!)

Segunda parte

Actividad 1

Listen to the following conversation which takes place in an antique shop between the proprietor and a collector who pretends to be interested in the owner's pet.

El gato de Sèvres

Coleccionista: Michito, michito.
Propietario: Buenas tardes. ¿Puedo servirle en algo?

Coleccionista:	En nada, muchas gracias. Sólo acariciaba al animalito.
Propietario:	¡Ah, mi fiel Mustafá! Está un poco sucio, pero es de casta: cruce de persa y angora, con sus ribetes de Manx. Observe usted qué cola tan corta tiene. Eso lo distingue.
Coleccionista:	Se ve, se ve. ¡Michito, michito, mirrimiau. . . ! Me encantaría tenerlo en casa para que hiciera pareja con una gatita amarillo limón que me obsequiaron. ¿No me lo vendería?
Propietario:	No, señor. Mustafá es un gran cazador de ratones y sus servicios me son indispensables en la tienda.
Coleccionista:	Lástima. Me hubiera gustado adquirirlo. En fin, que tenga usted buenas tardes.
Propietario:	¡Un momento! ¿Cuánto daría por el gato?
Coleccionista:	¿Cuánto quiere?
Propietario:	Cincuenta pesos.
Coleccionista:	No, hombre, qué barbaridad. Le doy treinta y cinco ni un centavo más.
Propietario:	Ni usted ni yo: cuarenta morlacos y es suya esta preciosidad de morrongo.
Coleccionista:	Imagino que el animalito estará acostumbrado a tomar su leche en ese plato viejo, ¿no? Haga el favor de envolvérmelo.
Propietario:	Como el señor disponga. Sólo que le advierto que el plato cuesta diez mil pesos.
Coleccionista:	¡Diez mil pesos!
Propietario:	¡Si, señor. No sólo es un auténtico Sèvres, mil setecientos cincuenta, sino que además me ha servido para vender trescientos veinticinco gatos desde que abrí mi modesto establecimiento.

Actividad 2

Listen to the conversation again. After the conversation you will hear several questions. Each is followed by three answers. Circle the letter that corresponds to the correct answer on your activity sheet.

1. ¿Cómo se dirige el coleccionista al gato? (c)
   a. Buenas tardes, gato.
   b. Mi gatito, mi gatito.
   c. Michito, michito.
2. ¿Qué clase de gato es Mustafá? (a)
   a. un cruce de persa y angora
   b. un Manx
   c. un morrongo
3. ¿Por qué no quiere vender el gato el propietario? (c)
   a. porque es un gato de casta
   b. porque tiene la cola corta
   c. porque sus servicios son indispensables en la tienda
4. Por fin, ¿en qué precio por el gato se ponen de acuerdo los dos? (b)
   a. treinta y cinco pesos
   b. cuarenta pesos
   c. cincuenta pesos
5. En realidad, ¿por qué quiere el coleccionista comprar el gato? (c)
   a. porque es un gatito amarillo limón como el gato que tiene en casa
   b. porque es un gran cazador de ratones
   c. porque piensa así adquirir un plato valioso

Actividad 3

Listen to the following narrative.

Cerca del Hotel *Palace* en Madrid hay un edificio interesante de tres pisos. Es una tienda de antigüedades. En el primer piso hay muebles grandes; en el segundo piso hay artículos más pequeños. En el tercer piso se pueden ver los artículos más pequeños de los tres pisos como botellas antiguas y joyas de un tiempo pasado.

El dueño es el señor Linares y aunque pide precios muy altos, siempre se puede regatear. A menos que uno sea experto, nunca se sabe lo que es una ganga y lo que no lo es, pero se puede pasar un rato divertido examinando las muchas curiosidades.

Actividad 4

Listen to the narrative again. After the narrative you will hear several statements. Some of them are true; some of them are false. Circle the corresponding letter on your activity sheet.

1. La tienda de antigüedades está en el Hotel *Palace*. (F)
2. La tienda de antigüedades es un edificio de tres pisos. (V)
3. En el primer piso se venden botellas antiguas y joyas. (F)
4. Los artículos más pequeños se pueden ver en el segundo piso. (F)
5. El propietario de la tienda es el señor Linares. (V)
6. Los precios que pide el dueño pueden costarle un ojo de la cara. (V)
7. Se prohibe regatear en la tienda. (F)
8. Es difícil saber lo que es una ganga. (V)
9. Los únicos que frecuentan la tienda de antigüedades son expertos. (F)
10. No cabe duda que se puede pasar un rato divertido examinando las curiosidades. (V)

Actividad 5

Listen to the following statements. Each statement is followed by a question. On your activity sheet an incomplete answer is given. Complete the statement by writing either *es* or *está*.

1. El juez lleva una toga negra.
   ¿Cómo se viste?
   (Está vestido con una toga negra.)

2. El juez parece justo y profesional.
   Describe al juez.
   (Es justo y profesional.)

3. Uno de los empleados quiere ayudar a Lencho.
   ¿Dónde podemos encontrar al empleado compasivo?
   (Está en la casa de correos.)

4. El jefe de correos se sorprende al ver la segunda carta de Lencho.
   Describe la reacción del jefe cuando llega la segunda carta.
   (Está sorprendido.)

5. Lencho se considera un hombre bueno y honrado.
   ¿Qué piensas de Lencho?
   (Es bueno y de mucha confianza.)

Actividad 6

You will hear a series of statements and questions. On your activity sheet circle the correct answer to each question.

1. El juez se interesa en el testamento misterioso.
   ¿Qué le interesa al señor juez?
   (Está interesado en el testamento sin puntuación.)

2. El juez parece más listo que los interesados.
   ¿Cómo es el juez?
   (Es más inteligente que los interesados.)

3. El juez se aburre de las varias interpretaciones.
   ¿Cómo lo encuentras?
   (Está aburrido de escuchar las varias interpretaciones.)

4. El maestro ha tenido más instrucción formal que los interesados.
   Describe al maestro.
   (Es el más instruido de los presentes.)

5. El maestro sirve de escribano de la corte.
   ¿Qué papel tiene el maestro en esa farsa?
   (Es el escribano de la corte.)

6. El maestro se cansa de tanto escribir.
   ¿Cómo le afecta ese trabajo?
   (Está cansado de tanto escribir.)

7. Un empleado redacta una carta a Lencho.
   ¿Qué prepara uno de los empleados?
   (Está redactando una carta a Lencho.)

8. Lencho, enojado y desconfiado, lo considera un ladrón.
   ¿Qué opina Lencho del jefe?
   (Es un ladrón que no merece respeto.)

9. Lencho se moja completamente en el aguacero.
   ¿Cómo lo deja el agua?
   (Está totalmente mojado.)

10. El granizo destruye todo su trabajo.
    ¿Qué destruye la cosecha? ¿El granizo o las langostas?
    (Es el granizo que cae muy fuerte.)

Actividad 7
(Text page 66)

You will hear the words of Señor Álvarez' will from "Signos de puntuación" read twice. Once it will be read as it was interpreted by the *sastre* and once as it was interpreted by the *maestro*. Repeat each phrase in the pause provided.

¿Dejo mis bienes a mi sobrino? No. ¿A mi hermano? Tampoco, jamás. Se pagará la cuenta del sastre. Nunca de ningún modo para los mendigos. Todo lo dicho es mi deseo. Yo, Federico Álvarez.

¿Dejo mis bienes a mi sobrino? No. ¿A mi hermano? Tampoco. Jamás se pagará la cuenta del sastre. Nunca, de ningún modo para los mendigos. Todo lo dicho es mi deseo. Yo, Federico Álvarez.

Actividad 8

You will hear the same two interpretations of Señor Álvarez' will read again. On your activity sheet the original, unpunctuated will is written twice. Listen carefully. Voice inflections are very important. Punctuate the first one as it was interpreted by the *sastre*. Punctuate the second one as it was interpreted by the *maestro*.

Actividad 9

Listen to the following narrative.

Es la una de la tarde. Los herederos del difunto Juan Carlos Ricacho se han reunido en la sala de su casa esperando que les relate el abogado los detalles del testamento.

El abogado abre un sobre blanco, saca un documento oficial y lee:

A mi querida esposa le dejo la casa y diez mil dólares cada año con tal de que permanezca viuda.

A mi hermana Concha, quien ha sido muy atenta durante mi larga enfermedad, le dejo cinco mil dólares.

A mi fiel cocinera María, que nunca aprendió a preparar una buena paella, le dejo un libro de recetas y mil dólares.

A mi hermano Jorge, que nunca ha trabajado un día de su vida, quien ha vivido siempre de mi generosidad, ingrato que es, y quien siempre ha dicho que yo no le daría ni siquiera la hora, ojalá que esté contento con esto: Jorge, ¡es la una!

Actividad 10

Listen to the narrative again. After the narrative you will hear a series of questions. Each is followed by three possible answers. Circle the letter of the correct answer on your activity sheet.

1. ¿Quiénes se han reunido en la casa de Juan Carlos Richacho? (a)
   a. sus herederos
   b. varios abogados
   c. los difuntos

2. ¿Qué lee el abogado? (c)
   a. un libro de recetas
   b. un sobre blanco
   c. un testamento

3. ¿Qué condición le pone el muerto a su esposa? (a)
   a. Va a recibir diez mil dólares cada año si no se casa.
   b. Tiene que sacar un documento oficial.
   c. No debe trabajar si quiere el dinero.

4. ¿Quién va a recibir la casa? (b)
   a. la hermana
   b. la esposa
   c. la cocinera

5. ¿Por qué le deja a María un libro de recetas? (b)
   a. porque es una buena cocinera
   b. porque no sabe preparar una buena paella
   c. porque ha sido muy atenta durante la enfermedad

6. ¿Qué es la herencia del hermano? (c)
   a. un sobre blanco
   b. mil dólares
   c. la hora

CUADRO 3 / EL HEROÍSMO

Primera parte

Actividad 1

Listen to the following dialogue.

El mensajero de San Martín

Narrador:	El general don José de San Martín leía unas cartas en su despacho. Terminada la lectura, se volvió para llamar a un muchacho de unos dieciséis años que esperaba de pie junto a la puerta.
San Martín:	Voy a encargarte una misión difícil y honrosa. Te conozco bien; tu padre y tres hermanos tuyos están en mi ejército y sé que deseas servir a la patria. ¿Estás resuelto a servirme?
Miguel:	Sí, mi general, sí.
San Martín:	Debes saber que en caso de ser descubierto te fusilarán.
Miguel:	Ya lo sé, mi general.
San Martín:	Entonces, ¿estás resuelto?
Miguel:	Sí, mi general, sí.
San Martín:	Muy bien. Quiero enviarte a Chile con una carta que no debe caer en manos del enemigo. ¿Has entendido, Miguel?
Miguel:	Perfectamente, mi general.
Narrador:	Dos días después, Miguel pasaba la cordillera de los Andes en compañía de unos arrieros. Llegó a Santiago de Chile; halló al abogado Rodríguez, le entregó la carta y recibió la respuesta, que guardó en su cinturón secreto.
Rodríguez:	Mucho cuidado con esta carta. Eres realmente muy joven; pero debes ser inteligente y buen patriota.
Narrador:	Dos soldados, a quienes pareció sospechoso ese muchacho que viajaba solo y en dirección a las sierras, se dirigieron hacia él a galope. En la sorpresa del primer momento, Miguel cometió la imprudencia de huir.
Soldado 1:	¡Hola! ¿Quién eres y adónde vas?
Narrador:	Miguel contestó humildemente que era chileno, que se llamaba Juan Gómez y que iba a la hacienda de sus padres. Lo llevaron sin embargo a una tienda de campaña donde se hallaba, en compañía de varios oficiales, el coronel Ordóñez.
Ordóñez:	Te acusan de ser agente del general San Martín. ¿Qué contestas a eso?
Narrador:	Miguel habría preferido decir la verdad, pero negó la acusación.
Ordóñez:	Oye, muchacho, más vale que confieses francamente, así quizá puedas evitarte el castigo, porque eres muy joven. ¿Llevas alguna carta?
Miguel:	No.
Narrador:	Dos soldados se apoderaron del muchacho, y mientras el uno lo sujetaba, el otro no tardó en hallar el cinturón con la carta.
Ordóñez:	Bien lo decía yo.
Narrador:	Pero en ese instante Miguel, con un movimiento brusco, saltó como un tigre, le arrebató la carta de las manos y la arrojó en un brasero allí encendido.

Actividad 2

Listen to the dialogue again. After the dialogue you will hear several questions. On your activity sheet, write brief answers to the questions.

1. ¿Dónde leía el general de San Martín? (en su despacho)
2. ¿Qué le va a encargar al joven patriota? (una misión difícil)
3. ¿Dónde no debe caer la carta? (en manos del enemigo)
4. ¿Qué tiene que cruzar Miguel para entregar la carta? (la cordillera, los Andes, *or* la cordillera de los Andes)
5. ¿A quién debe entregar la carta en Santiago? (al abogado *or* al Señor Rodríguez)
6. ¿Qué le harán si lo descubren? (fusilar *or* lo fusilarán)
7. ¿Dónde guardó la respuesta? (en su cinturón secreto)
8. ¿Qué puede evitar Miguel si confiesa? (un castigo)
9. ¿Cómo contestó Miguel? (Guardó silencio.)
10. ¿Qué hizo Miguel con la carta? (La quemó, la destruyó, *or* la tiró al brasero.)

Actividad 3

Listen to the situation.

Unos jóvenes planean una parrillada en una casa de campo para celebrar la clausura del colegio. Lupe y Luis están terminando los preparativos y acordándose de detalles importantes. Lupe hace preguntas y Luis le responde.

Now you will hear several questions. Answer them using indirect commands from the cues provided.

¿Qué les digo a los invitados?
recordar la fecha
Que recuerden la fecha.

1. ¿Qué les recomiendo a los invitados?
   acostarse temprano la noche anterior
   (Que se acuesten temprano la noche anterior.)

2. ¿Qué les sugiero a nuestros amigos?
   dormir ocho horas cuando menos
   (Que duerman ocho horas cuando menos.)

3. ¿Qué le recuerdo a Bernardo?
   devolver el termo que le prestamos el año pasado
   (Que devuelva el termo que le prestamos el año pasado.)

4. ¿Qué les pido a Mónica e Irene?
   conseguir los filetes y chorizos
   (Que consigan los filetes y chorizos.)

5. ¿Qué le digo a Ricardo?
   pedir ayuda con la fogata
   (Que pida ayuda con la fogata.)

6. ¿Qué les sugiero a los chicos?
   recordar cómo se llega al sitio
   (Que recuerden cómo se llega al sitio.)

7. ¿Qué les recomiendo a las chicas?
   vestirse de tejanos y botas
   (Que se vistan de tejanos y botas.)

8. ¿Qué les recuerdo a los del último coche?
   cerrar el portón
   (Que cierren el portón.)

9. ¿Qué le digo a tu hermano?
   no reírse al ver mi nuevo corte de pelo
   (Que no se ría al ver mi nuevo corte de pelo.)

10. ¿Qué le pido al cocinero?
    servir a las nueve y media
    (Que sirva a las nueve y media.)

11. ¿Qué les recomiendo a todos los presentes?
    divertirse mucho
    (Que se diviertan mucho.)

Actividad 4
(Text page 110)

Listen to the following sentences which contain elements of certainty and reality. Change the sentences according to the model, using the cue provided.

Yo voy a Chile mañana.
El jefe pide
El jefe pide que yo vaya a Chile mañana.

1. Entramos en su despacho.
   El general quiere
   (El general quiere que entremos en su despacho.)

2. Miguel lleva una carta al abogado.
   El comandante pide
   (El comandante pide que Miguel lleve una carta al abogado.)

3. El patriota pone las cartas en su cinturón.
   Le sugerimos
   (Le sugerimos que el patriota ponga las cartas en su cinturón.)

4. Los arrieros pasan la cordillera.
   El guía recomienda
   (El guía recomienda que los arrieros pasen la cordillera.)

5. Yo le entrego la carta al abogado.
   La secretaria me dice
   (La secretaria me dice que entregue la carta al abogado.)

6. Miguel vuelve en seguida a Argentina.
   El chileno insiste en
   (El chileno insiste en que Miguel vuelva en seguida a Argentina.)

7. El joven se pone en camino en seguida.
   Todos esperamos
   (Todos esperamos que el joven se ponga en camino en seguida.)

8. Las fuerzas reales no ven al patriota.
   Espero
   (Espero que las fuerzas reales no vean al patriota.)

9. El mensajero no se detiene para admirar el paisaje.
   Rogamos
   (Rogamos que el mensajero no se detenga para admirar el paisaje.)

10. El joven huye de los realistas.
    Los soldados no quieren
    (Los soldados no quieren que el joven huya de los realistas.)

11. El enemigo no lo fusila.
    Los insurgentes esperan
    (Los insurgentes esperan que el enemigo no lo fusile.)

12. Miguel confiesa ser agente de San Martín.
    El coronel insiste en
    (El coronel insiste en que Miguel confiese ser agente de San Martín.)

13. El joven arroja la carta al brasero.
    Los soldados no quieren
    (Los soldados no quieren que el joven arroje la carta al brasero.)

Actividad 5
(Text page 111)

Using the cues provided, give complete sentences telling what gifts or favors would make you happy next Christmas. Each of your responses will start with *Quiero que*.

mi abuela / llevarme a Europa
Quiero que mi abuela me lleve a Europa.

1. mi padre / conducir con más cuidado
   (Quiero que mi padre conduzca con más cuidado.)

2. mi madre / no ser tan exigente
   (Quiero que mi madre no sea tan exigente.)

3. Mis hermanitos / dejarme en paz
   (Quiero que mis hermanitos me dejen en paz.)

4. mi hermana mayor / no llevarse mis perfumes y lociones
   (Quiero que mi hermana mayor no se lleve mis perfumes y lociones.)

5. mi novio / llamarme todas las noches
   (Quiero que mi novio me llame todas las noches.)

6. mis amigos / pagarme lo que me deben
   (Quiero que mis amigos me paguen lo que me deben.)

7. mi mejor amiga / conseguir un trabajo de mucha promesa
   (Quiero que mi mejor amiga consiga un trabajo de mucha promesa.)

8. mis profesores / darnos menos deberes cada noche
   (Quiero que mis profesores nos den menos deberes cada noche.)

9. los políticos / cooperar con otras naciones y buscar la paz
   (Quiero que los políticos cooperen con otras naciones y busquen la paz.)

10. en el mundo / haber paz
    (Quiero que en el mundo haya paz.)

Actividad 6

You will hear a brief statement. Using the cue provided, make a new statement according to the model.

Ellos vienen.　　　*Ellos vienen.*
Dudo　　　　　　*Creo*
Dudo que vengan.　*Creo que vienen.*

1. Me alegro (Me alegro de que vengan.)
2. No creo (No creo que vengan.)
3. Quiero (Quiero que vengan.)
4. Siento (Siento que vengan.)
5. Es cierto (Es cierto que vienen.)
6. Espero (Espero que vengan.)
7. No dudo (No dudo que vienen.)
8. Temo (Temo que vengan.)
9. No es cierto (No es cierto que vengan.)

Actividad 7

Listen to the following statements. Combine each pair of statements into a single sentence using the adverbial conjunction. (The statements also appear on the activity sheet.)

Voy a votar por José López y su partido. Ellos bajarán los impuestos.
para que
Voy a votar por José López para que bajen los impuestos.

1. Votaré por la Alianza. Se construirán más escuelas.
    con tal que
    (Votaré por la Alianza con tal que se construyan más escuelas.)

2. Voy a respaldar al gobernador. Él reducirá el número de empleados.
    a menos que
    (Voy a respaldar al gobernador a menos que reduzca el número de empleados.)

3. Estoy a favor de los conservadores. Habrá una reducción de impuestos.
    para que
    (Estoy a favor de los conservadores para que haya una reducción de impuestos.)

4. No puedo ayudar a los liberales. Dejarán de gastar en proyectos innecesarios.
    a menos que
    (No puedo ayudar a los liberales a menos que dejen de gastar en proyectos innecesarios.)

5. Me gusta el proyecto del senador Pérez. Incluye un período máximo de vigor.
    con tal que
    (Me gusta el proyecto del senador Pérez con tal que incluya un período máximo de vigor.)

6. No acepto un incremento de armas. La administración nos explicará por qué.
    a menos que
    (No acepto un incremento de armas a menos que la administración nos explique por qué.)

Actividad 8   # 8

Listen to the following narrative.

Rodrigo Díaz de Vivar, guerrero de gran valor, es el héroe nacional de España. Los españoles lo llamaron «el Campeador», y los moros lo llamaron «el Cid». Desterrado por su rey, este famoso español nunca se cansó de luchar por su querida España, dominada en aquel entonces por los árabes. Entre los episodios de su vida, uno de los más notables fue la toma de la ciudad de Valencia que estaba en manos de los moros en el año mil noventa y cuatro. Después de su muerte, los moros trataron de reconquistar la ciudad. La leyenda nos cuenta que doña Jimena, esposa del Cid, sentó el cadáver de su marido, completamente armado, en su caballo Babieca, puso su famosa espada Tizona en la mano derecha y lo mandó a encabezar el ejército español contra las fuerzas superiores de los moros. Éstos, cuando vieron al Cid delante de sus tropas, huyeron espantados creyendo que el guerrero había renacido. Así, aún tras la muerte, el Cid ganó una victoria. Tenemos que darnos cuenta de que el Cid, célebre caballero, representa todos los ideales de la raza española de su tiempo. Por eso, pertenece a los héroes universales.

Actividad 9

Listen to the narrative again. After the narrative you will hear several statements. Some of them are true; some of them are false. Circle the corresponding letter on your activity sheet.

1. Rodrigo Díaz de Vivar es el héroe nacional de España. (V)
2. Los españoles lo nombraron el Cid. (F)
3. Rodrigo Díaz de Vivar fue desterrado por su rey. (V)
4. La conquista de Valencia fue uno de los episodios más notables de la vida del Cid. (V)
5. La esposa del Cid se llama Babieca. (F)
6. La leyenda nos dice que después de su muerte el Cid ganó una victoria. (V)
7. El Cid representa todos los ideales de la raza española de su tiempo. (V)
8. Tizona es un célebre guerrero español que trató de reconquistar Valencia. (F)

Actividad 10

Listen to the following narrative.

Entre los caudillos de la revolución sudamericana se destaca el nombre de Simón Bolívar. Bolívar nació en Caracas, capital de Venezuela, en mil setecientos ochenta y tres. Su familia era noble y bastante rica para mandarlo a Madrid a estudiar. Allí, se dedicó a la carrera militar. Terminados sus estudios, viajó por Europa y por los Estados Unidos. En Francia presenció los últimos días de la Revolución Francesa y la coronación de Napoleón. En los Estados Unidos observó cómo se gobernaba una república democrática. Esos viajes lo inspiraron con ideas de libertad y justicia, y a su vuelta a Venezuela, se alistó en el ejército libertador y llegó a ser jefe de la revolución. Soñaba con la independencia y una gran confederación de todos los Estados sudamericanos. Sólo pudo realizar en parte sus sueños. Sufrió derrotas pero venció después de ser vencido. Sin embargo, murió pobre, desterrado, odiado por sus enemigos y acusado de querer ser emperador. La historia lo ha llamado «el Washington del Sur» y «el Gran Libertador».

Actividad 11

Listen to the narrative again. After the narrative you will hear several questions. Each is followed by three answers. Circle the letter that corresponds to the correct answer on your activity sheet.

1. ¿Dónde nació Bolívar? (c)
   a. en Francia
   b. en Madrid
   c. en la capital de Venezuela

2. ¿Qué presenció Bolívar en Francia? (a)
   a. la coronación de Napoleón
   b. una carrera militar
   c. cómo se gobernaba una república democrática

3. ¿Con qué soñaba Bolívar? (b)
   a. viajar por los Estados Unidos
   b. una confederación de Estados sudamericanos
   c. volver a Francia

4. ¿Cómo ha llamado la historia a Bolívar? (c)
   a. el Washington de Caracas
   b. el jefe de la Revolución Francesa
   c. el Gran Libertador

Segunda parte

Actividad 1

Listen to the following dialogue.

El Alcázar no se rinde

Narrador: Eran aproximadamente las diez de la mañana del día veintitrés de julio de 1936 cuando sonó el teléfono del despacho del coronel Moscardó. Se hallaba éste rodeado de varios de los jefes del Alcázar y otros oficiales, organizando la defensa exterior y la acomodación del personal refugiado. Pausadamente se levantó el coronel y se dirigió al teléfono.

La conversación de aquella llamada telefónica ha de contarse entre los diálogos más heroicos de nuestros días:

Moscardó: ¿Quién está al aparato?

Jefe: Soy el jefe de las milicias socialistas. Tengo la ciudad en mi poder, y si dentro de diez minutos no se ha rendido Ud., mandaré fusilar a su hijo Luis, que lo he detenido; y para que vea que es así, él mismo le hablará. «A ver, que venga Moscardó».

Narrador: En efecto, el padre oye a su hijo Luis, que le dice tranquilamente por el aparato:

Luis: Papá, ¿cómo estás?

Moscardó: Bien, hijo mío. ¿Qué te ocurre?

Luis: Nada de particular. Que dicen que me fusilarán si el Alcázar no se rinde, pero no te preocupes por mí.

Moscardó: Mira, hijo mío; si es cierto que te van a fusilar, encomienda tu alma a Dios, da un ¡Viva Cristo Rey! y otro ¡Viva España! y muere como un héroe y mártir. Adiós, hijo mío; un beso muy fuerte.

Luis: Adiós, papá; un beso muy fuerte.

Jefe: ¿Qué contesta Ud.?

Moscardó: ¡Que el Alcázar no se rinde y que sobran los diez minutos!

Actividad 2

Listen to the dialogue again. After the dialogue you will hear several questions. Each is followed by three answers. Circle the letter that corresponds to the correct answer on your activity sheet.

1. ¿Dónde tuvo lugar esta conversación? (c)
   a. en Toledo, Ohio
   b. el día veintitrés de julio
   c. en el Alcázar de Toledo

2. ¿Quiénes están reunidos allí? (b)
   a. los jefes socialistas
   b. los jefes nacionalistas
   c. los refugiados

3. ¿Qué se podía oír? (a)
   a. el ruido de un teléfono sonando
   b. muchos diálogos entre los hombres
   c. ruidos del bombardeo

4. ¿Por qué llama el jefe socialista a Moscardó? (b)
   a. para darle el aparato
   b. para exigir la rendición del edificio
   c. para pedirle un favor

5. ¿Cómo piensa asustar a Moscardó? (b)
   a. Amenaza matar a todos.
   b. Amenaza matar a su hijo.
   c. Dice que se rendirá.

6. Describe a Luis. (c)
   a. Tiene miedo de morir.
   b. Está aburrido.
   c. Está tranquilo y resignado.

7. ¿Qué recomienda el padre a su hijo? (c)
   a. Que se rinda.
   b. Que bese a todos.
   c. Que muera como un héroe y mártir.

8. ¿Qué muestra este episodio? (c)
   a. El padre no teme morir.
   b. El padre vacila en tomar una decisión.
   c. La pérdida del hijo es inevitable.

Actividad 3

Change the following statements according to the model.

Tengo un amigo que me comprende.
Julián busca un amigo que le comprenda.

1. Tengo un amigo que me respeta.
   (Julián busca un amigo que le respete.)

2. Tengo un amigo que me da buenos consejos.
   (Julián busca un amigo que le dé buenos consejos.)

3. Tengo un amigo que me dice la verdad en toda ocasión.
   (Julián busca un amigo que le diga la verdad en toda ocasión.)

4. Tengo un amigo que viene a respaldarme en toda hora.
   (Julián busca un amigo que venga a respaldarle en toda hora.)

5. Tengo un amigo que es sincero.
   (Julián busca un amigo que sea sincero.)

6. Tengo un amigo que está interesado en los ordenadores.
   (Julián busca un amigo que esté interesado en los ordenadores.)

7. Tengo un amigo que conoce un sistema eficaz de ordenadores.
   (Julián busca un amigo que conozca un sistema eficaz de ordenadores.)

8. Tengo un amigo que es muy competente en los negocios.
   (Julián busca un amigo que sea competente en los negocios.)

9. Tengo un amigo que sabe cocinar platos internacionales.
   (Julián busca un amigo que sepa cocinar platos internacionales.)

10. Tengo un amigo que tiene sentido del humor.
    (Julián busca un amigo que tenga sentido del humor.)

Actividad 4

Change the sentence according to the model.

Honran a los héroes.
Es importante
Es importante que honren a los héroes.

1. Honran a los héroes. Es verdad (Es verdad que honran a los héroes.)
2. Honran a los héroes. Es probable (Es probable que honren a los héroes.)
3. Honran a los héroes. Es mejor (Es mejor que honren a los héroes.)
4. Honran a los héroes. Es cierto (Es cierto que honran a los héroes.)
5. Honran a los héroes. Es mentira (Es mentira que honren a los héroes.)
6. Honran a los héroes. Es posible (Es posible que honren a los héroes.)
7. Honran a los héroes. Es evidente (Es evidente que honran a los héroes.)
8. Honran a los héroes. Es claro (Es claro que honran a los héroes.)
9. Honran a los héroes. Es imposible (Es imposible que honren a los héroes.)
10. Honran a los héroes. No es verdad (No es verdad que honren a los héroes.)

Actividad 5
(Text page 119)

Listen to the situation.

En algunos barrios en la primavera, los vecinos preparan una fiesta para reunir a todos los residentes y conversar o ponerse al tanto de los sucesos, los chismes y, sobretodo, divertirse mucho. Sacan a la calle mesas, sillas y, naturalmente, mucho que comer y beber.

Now change the active-voice statements to the passive voice using *se*.

Hacemos una comida especial cada año.
Se hace una comida especial cada año.

1. La policía cierra la calle a los vehículos con motor.
   (Se cierra la calle a los vehículos con motor.)

2. Los hombres jóvenes bajan mesas y sillas a la calle.
   (Se bajan mesas y sillas a la calle.)

3. Los jóvenes decoran las calles con ornamentos y luces festivos.
   (Se decoran las calles con ornamentos y luces festivos.)

4. Las señoras preparan platos típicos y deliciosos.
   (Se preparan platos típicos y deliciosos.)

5. Algunos señores sirven refrescos, cerveza y vinos.
   (Se sirven refrescos, cerveza y vinos.)

6. Vendemos la comida y las bebidas en precios razonables.
   (Se venden la comida y las bebidas en precios razonables.)

7. Todos hablamos mucho y hacemos mucho ruido.
   (Se habla mucho y se hace mucho ruido.)

8. Los jóvenes bailan los bailes nuevos y tradicionales.
   (Se bailan los bailes nuevos y tradicionales.)

9. Cantamos la música folklórica.
   (Se canta la música folklórica.)

10. Terminamos la fiesta muy tarde.
    (Se termina la fiesta muy tarde.)

11. Muchos acuerdan limpiar la calle y dejar todo en orden.
    (Se acuerda limpiar la calle y dejar todo en orden.)

12. Todo el mundo comenta el éxito del suceso.
    (Se comenta el éxito del suceso.)

13. Hacemos planes para el próximo año.
    (Se hacen planes para el próximo año.)

Actividad 6
(Text page 120)

Listen to the following narrative about the 1985 earthquakes in Mexico.

En septiembre, 1985, hubo una serie de terremotos desastrosos en la ciudad de México que resultaron en miles de muertos y la destrucción de más de 5.000 edificios. Muchas naciones participaron en los trabajos de rescate y ayudaron a los damnificados. Esta lista es muy incompleta, pero se puede ver que muchos querían tomar parte en ese gran esfuerzo.

Actividad 7

The following statements list contributions made by different groups. Convert the active-voice statements to the passive voice using a form of *ser* and the past participle.

Los bomberos apagaron los fuegos.
Los fuegos fueron apagados por los bomberos.

1. La Cruz Roja preparó y sirvió comidas en distintas áreas de la ciudad.
   (Comidas fueron preparadas y servidas en distintas áreas de la ciudad.)

2. Los alemanes enviaron perros entrenados en el rescate.
   (Perros entrenados en el rescate fueron enviados por los alemanes.)

3. Muchas naciones donaron ropa y medicinas.
   (Ropa y medicinas fueron donadas por muchas naciones.)

4. Los suizos regalaron tiendas y otras viviendas portátiles.
   (Tiendas y otras viviendas portátiles fueron regaladas por los suizos.)

5. Varias naciones donaron maquinaria y equipo pesado.
   (Maquinaria y equipo pesado fueron donados por varias naciones.)

6. Los norteamericanos contribuyeron una cámara especial.
   (Una cámara especial fue contribuida por los norteamericanos.)

7. Los ingleses enviaron dos helicópteros.
   (Dos helicópteros fueron enviados por los ingleses.)

8. Los estudiantes mexicanos rescataron a unos niños en sus escuelas.
   (Unos niños fueron rescatados en sus escuelas por los estudiantes mexicanos.)

9. Plácido Domingo, el famoso cantante de ópera, contribuyó dos millones de dólares.
   (Dos millones de dólares fueron contribuidos por Plácido Domingo, el famoso cantante de ópera.)

10. Varios países europeos mandaron médicos y expertos en rescates alpinos y de minas.
    (Médicos y expertos en rescates alpinos y de minas fueron mandados por varios países europeos.)

Actividad 8

Listen to the following narrative.

Don Miguel Hidalgo era nieto de españoles y llegó a ser sacerdote en México. Quería sobre todo mejorar la vida de los indios dándoles medios de trabajar y ganar más dinero. Los indios le adoraban y le habrían seguido al fin del mundo. Él les enseñaba la doctrina cristiana y, al mismo tiempo, el aborrecimiento a la dominación de los empleados y a los hacendados españoles, dueños entonces de las tierras mexicanas. Lo que deseaba el cura era promover una revolución que acabase con el poder de los españoles en la colonia y establecer un congreso de representantes del pueblo. El dieciséis de septiembre de mil ochocientos diez, el cura sonó las campanas de su iglesia en el pueblo de Dolores y dio el famoso *Grito de Dolores*: «¡Viva nuestra señora de Guadalupe, viva la independencia y mueran los gachupines!» El medio que escogió para realizar su idea fue terrible: el levantamiento nacional. No había otro medio y la sangre los manchó a todos; pero él empezó por hacer el sacrificio de su vida. La obra era inmensa y México libre todavía celebra la fecha y el recuerdo de su padre Hidalgo, el más grande de sus hijos.

Actividad 9

Listen to the narrative again. After the narrative you will hear several questions. Each is followed by three possible answers. Circle the letter that corresponds to the correct answer on your activity sheet.

1. ¿Qué fue el *Grito de Dolores*? (b)
   a. una campana de la iglesia
   b. palabras inspirativas para levantar al pueblo
   c. la doctrina cristiana
2. ¿Qué quería el padre Hidalgo? (a)
   a. acabar con el poder de los españoles
   b. ganar más dinero
   c. ser dueño de las tierras

3. ¿Qué medio escogió Hidalgo para realizar sus ideas? (b)
   a. estableció un congreso de representantes
   b. el levantamiento nacional
   c. el aborrecimiento a la dominación española
4. ¿Cómo quería Hidalgo mejorar la vida de los indios? (c)
   a. dándoles dinero
   b. dándoles adoración
   c. dándoles medios para trabajar
5. ¿Qué sacrificó Hidalgo por su patria? (a)
   a. su vida
   b. la campana de su iglesia
   c. su religión

Actividad 10

Listen to the following poem.

«Bolívar» de Luis Lloréns Torres

Político, militar, héroe, orador y poeta.
Y en todo, grande. Como las tierras libertadas por él,
por él, que no nació de patria alguna,
sino que muchas patrias nacieron hijas de él.

Tenía la valentía del que lleva una espada,
Tenía la cortesía del que lleva una flor,
Y entrando en los salones arrojaba la espada;
Y entrando en los combates arrojaba la flor.

Los picos del Ande no eran más, a sus ojos,
que signos admirativos de sus arrojos.
Fue un soldado poeta, un poeta soldado.
Y cada pueblo libertado
era una hazaña del poeta y era un poema del soldado.
Y fue crucificado . . .

Actividad 11

Listen to the poem again and repeat each phrase in the pause provided.

Actividad 12

You will hear the poem a third time. You will then hear a series of statements. Some of them are true; some of them are false. Circle the corresponding letter on your activity sheet.

1. Bolívar era político así como héroe. (V)
2. Según el autor, Bolívar no nació de patria alguna. (V)
3. Muchas patrias nacieron hijas de Bolívar. (V)
4. Como símbolo de valentía el autor emplea la flor. (F)
5. Como símbolo de cortesía el autor emplea la espada. (F)
6. Bolívar sabía cuándo ser caballero y cuándo ser soldado. (V)
7. A la vista de Bolívar, los Andes eran signos admirativos de sus arrojos. (V)
8. Según el poema, Bolívar fue crucificado. (V)

CUADRO 4 / EL INDIO

Primera parte

Actividad 1

Listen to the following dialogue.

La yaqui hermosa

Narrador: Cuando mi amigo los recibió, hízolos formar en su hacienda, y dirigióse a la intérprete en estos términos:

Patrón: Diles que aquí el que trabaje ganará lo que quiera. Diles también que no les tengo miedo. Que en otras haciendas les prohiben las armas; pero yo les daré carabinas y fusiles a todos . . . porque no les tengo miedo. Que la caza que maten es para ellos. Que si no trabajan, nunca verán un solo peso. Que el Yaqui está muy lejos, muy lejos, y no hay que pensar por ahora en volver . . . Que, por último, daré a cada uno la tierra que quiera: la que pueda recorrer durante un día.

Indio: ¿De veras me darás a mí toda la tierra que pise en un día?

Patrón: ¡Toda la que pises!

Narrador: Y al día siguiente, en efecto, el indio madrugó, y cuando se apagaba el lucero, ya había recorrido tres kilómetros en línea recta, y en la noche ya había señalado con piedras varios kilómetros cuadrados.

Patrón: ¡Todo esto es tuyo!

Narrador: El indio se quedó estupefacto de delicia.
Diariamente iba mi amigo a ver a la indiada, y la intérprete le formulaba las quejas o las aspiraciones de los yaquis. Un día, mi amigo se fijó en una india, grande, esbelta, que tenía la cara llena de barro.

Patrón: ¿Por qué va esa mujer tan sucia?

India: Porque es bonita; dejó al novio en su tierra y no quiere que la vean los «extranjeros».

Patrón: ¡A ver! Que le laven la cara a ésta. ¡Traigan agua!

Narrador: Y la trajeron y la intérprete le lavó la cara.
Y, en efecto, era linda como una Salambó.

Patrón: Aquí todo el mundo te tratará bien, y si te portas como debes, volverás pronto a tu tierra y verás a tu novio.

Narrador: La india, inmóvil, seguía tenazmente mirando al suelo, y enclavijaba sus manos sobre el seno.
Mi amigo dio instrucciones para que la trataran mejor que a nadie. Después partió para México.

* * *

Narrador: Volvió a su hacienda de Campeche al cabo de mes y medio.

Patrón: ¿Y la yaqui hermosa?

Capataz: ¡Murió! Es decir, se dejó morir de hambre. No hubo manera de hacerla comer. Se pasaba los días encogida en un rincón, como un ídolo. No hablaba jamás. El médico vino. Dijo que tenía fiebre. Le recetó quinina. No hubo forma de dársela. Murió en la quincena pasada. La enterramos allí.

Actividad 2

Listen to the narrative again. After the narrative you will hear a series of questions. On your activity sheet write a brief answer to each question.

1. ¿Por qué era necesario tener una intérprete? (Los yaquis no hablaban castellano.)
2. ¿En que forma serán tratados los indios? (bien)
3. Da dos ejemplos de lo que pueden esperar del patrón. (El que trabaje ganará; pueden tener armas; la caza es para ellos; si no trabajan, no ganarán nada; les dará tierra.)
4. ¿Qué le llamó la atención al patrón? (Una india tenía la cara llena de barro.)
5. ¿Qué mandó hacer el patrón? (lavarle la cara)
6. ¿Qué le pasó a la india durante la ausencia del patrón? (Murió.)
7. ¿Cómo le afectó su muerte al patrón? (Le dio tristeza.)

Actividad 3
(Text page 151)

Listen to the following questions and write answers on your activity sheet using the cues provided.

1. ¿Con quién trabajaste? / con mi hermano mayor
   (Trabajé con mi hermano mayor.)

2. ¿A quién esperaste ayer? / al dueño del taller
   (Esperé al dueño del taller.)

3. ¿Qué arreglaste ayer? / un defecto del motor
   (Arreglé un defecto del motor.)

4. ¿Terminaste el trabajo? / todo menos el radiador
   (Terminé todo menos el radiador.)

5. ¿Dónde practicaste ayer? / en la cancha de tenis
   (Practiqué en la cancha de tenis.)

6. ¿Dónde cenaste ayer? / en casa, como siempre
   (Cené en casa, como siempre.)

7. ¿Qué miraste ayer? / una parte de un programa necio
   (Miré una parte de un programa necio.)

8. ¿Qué estudiaste anoche? / la nueva lección de matemáticas
   (Estudié la nueva lección de matemáticas.)

9. ¿Con quién hablaste por teléfono? / con un compañero de clase
   (Hablé por teléfono con un compañero de clase.)

10. ¿A qué hora te acostaste? / a medianoche
    (Me acosté a medianoche.)

Actividad 4
(Text page 153)

Listen to the situation.

Unos amigos conversan de lo que acaban de hacer.

Answer the questions according to the model.

Salvador, ¿vas a comer la fruta?
No, ya la comí.

1. Antonio y Felipe, ¿van a beber más leche? (No, ya la bebimos.)

2. Luisa, ¿vas a leer la seleccíon? (No, ya la leí.)

3. Ramón, ¿tu padre va a responder a la petición? (No, ya la respondió.)

4. Marcos y Enrique, ¿van a escoger otra novela? (No, ya la escogimos.)

5. Anita, ¿voy a leer la oración otra vez? (No, ya la leíste.)

6. Ignacio y Jaime, ¿van a correr la carrera de los diez mil metros? (No, ya la corrimos.)

7. Luis, ¿voy yo a aplaudir la presentación? ¿No, ya la aplaudiste.)

8. Daniel, ¿van tus padres a conocer a la nueva directora? (No, ya la conocieron.)

9. Chicos, ¿van ellos a perder la elección? (No, ya la perdieron.)

10. Loles, ¿vas a perder esa magnífica oportunidad? (No, ya la perdí.)

Actividad 5

Listen to the situation.

Mi hermano y yo somos muy diferentes. Aquí hay unos ejemplos de nuestras diferencias.

Now change the sentences according to the model and tell what your brother did. (The sentences also appear on the activity sheet.)

Yo prefiero prepararme para una prueba.
Yo preferí prepararme para una prueba.
Él no prefirió prepararse para una prueba.

1. Yo elijo ponerme a estudiar en seguida.
   (Yo elegí ponerme a estudiar en seguida.
   Él no eligió ponerse a estudiar en seguida.)

2. Yo corrijo los errores en los deberes.
   (Yo corregí los errores en los deberes.
   Él no corrigió los errores en los deberes.)

3. Yo pido ayuda con los problemas difíciles.
   (Yo pedí ayuda con los problemas difíciles.
   Él no pidió ayuda con los problemas difíciles.)

4. Yo advierto a mamá de un conflicto.
   (Yo advertí a mamá de un conflicto.
   Él no advirtió a mamá de un conflicto.)

5. Yo sugiero una solución para evitar molestias.
   (Yo sugerí una solución para evitar molestias.
   Él no sugirió una solución para evitar molestias.)

6. Yo mido el líquido con cuidado en el laboratorio.
   (Yo medí el líquido con cuidado en el laboratorio.
   Él no midió el líquido con cuidado en el laboratorio.)

7. Yo muero en el primer acto en la comedia.
   (Yo morí en el primer acto en la comedia.
   Él no murió en el primer acto en la comedia.)

8. Me sonrío varias veces.
   (Yo sonreí varias veces.
   Él no sonrió varias veces.)

9. Yo hiero al protagonista sin intención.
   (Yo herí al protagonista sin intención.
   Él no hirió al protagonista sin intención.)

10. Yo sirvo de intérprete en la recepción panamericana.
   (Yo serví de intérprete en la recepción panamericana.
   Él no sirvió de intérprete en la recepción panamericana.)

Actividad 6
(Text page 155)

Listen to the situation.

Tú hablas de unas acciones que tú y tu hermano hicieron en distintas maneras.

Now listen to the model and for each of the phrases given, tell what your brother did and what you did. (The phrases also appear on the activity sheet.)

buscar un bolígrafo / encontrarlo
Él buscó su bolígrafo y lo encontró.
Yo busqué mi bolígrafo pero no lo encontré.

1. llegar a tiempo / beber un refresco
   (Él llegó a tiempo y bebió un refresco.
   Yo llegué a tiempo pero no bebí un refresco.)

2. averiguar el número / llamar en seguida
   (Él averiguó el número y llamó en seguida.
   Yo averigüé el número pero no llamé en seguida.)

3. santiguarse en la capilla / rezar
   (Él se santiguó en la capilla y rezó.
   Yo me santigüé en la capilla pero no recé.)

4. correr hacia la tía / abrazarla
   (Él corrió hacia la tía y la abrazó.
   Yo corrí hacia la tía pero no la abracé.)

5. ver el fuego / apagarlo
   (Él vio el fuego y lo apagó.
   Yo vi el fuego pero no lo apagué.)

6. poseer un Porsche / conservarlo bien
   (Él poseyó un Porsche y lo conservó bien.
   Yo poseí un Porsche pero no lo conservé bien.)

7. ver el documento / destruirlo
   (Él vio el documento y lo destruyó.
   Yo vi el documento pero no lo destruí.)

8. huir de la hacienda / cazar en el monte
   (Él huyó de la hacienda y cazó en el monte.
   Yo huí de la hacienda pero no cacé en el monte.)

9. tocar a la puerta / apaciguar a los que peleaban
   (Él tocó a la puerta y apaciguó a los que peleaban.
   Yo toqué a la puerta pero no apacigüé a los que peleaban.)

10. construir una casa / pagarla en cinco años
   (Él construyó una casa y la pagó en cinco años.
   Yo construí una casa pero no la pagué en cinco años.)

Actividad 7

Listen to the following narrative.

Los aztecas formaban uno de los grupos más civilizados y poderosos de la América pre-colombina. Ocuparon el valle de México y los alrededores desde el siglo trece hasta la dominación por los españoles en mil quinientos veintiuno. Con Tenochtitlán (hoy la ciudad de México), su capital, los aztecas gobernaban un vasto imperio. Los aztecas típicos vivían en casas de adobe o de palos con techos de paja. Los hombres trabajaban en los campos y las mujeres se preocupaban del hogar, molían el maíz en piedras llamadas metates, hilaban y tejían las fibras de la planta maguey para hacer ropa, y preparaban las comidas de maíz, frijoles, calabazas y chiles. Una bebida favorita era el chocolate, hecho del cacao, valuado tanto que los aztecas lo usaban como dinero.

Algunos indios mexicanos de hoy son casi las sombras de los indios aztecas.

Actividad 8

Listen to the narrative again. After the narrative you will hear several questions. On your activity sheet there are three answers to each question. Circle the letter of the correct answer.

1. ¿Cómo se llamaba la capital de los aztecas? (c)
2. ¿De qué construían sus casas los aztecas? (c)
3. ¿Cómo se llama la piedra que se usa para moler el maíz? (b)
4. ¿De qué planta hacían ropa las mujeres aztecas? (a)
5. ¿Qué valuaban tanto los aztecas que lo usaban como dinero? (b)

Actividad 9

Listen to the following narrative.

Casi todas las expediciones de los conquistadores españoles fueron acompañadas por misioneros. Inspirados por intenso fervor religioso, los misioneros desafiaban los peligros del Nuevo Mundo, llevando a cabo su objeto de prevenir, siempre que fuera posible, la explotación y la esclavitud de los indios. Querían, además, llevar la Cruz y la Biblia a las tribus, educarlas y convertirlas al cristianismo.

En California, Fray Junípero Serra estableció varias misiones, pero es el esfuerzo de otro hombre el cual resultó en las famosas Leyes de Indias, legislación benéfica y protectora de los indígenas de América: Fray Bartolomé de las Casas.

Actividad 10

Listen to the narrative again. After the narrative you will hear a series of phrases that refer either to the Indians or to the missionaries. On your activity sheet circle the correct answer.

1. convertidos por los clérigos españoles (indios)
2. Hicieron expediciones al Nuevo Mundo. (misioneros)
3. inspirados por el fervor religioso (misioneros)
4. llevando Cruz y Biblia a las tribus (misioneros)
5. Se consagraron a la salvación espiritual (misioneros)
6. responsable para la Ley de Indias (misioneros)
7. educados en las misiones (indios)
8. Trataban de prevenir la explotación. (misioneros)

Segunda parte

Actividad 1
(Text page 139)

Listen to the following verses.

«Rosa Leyes, el indio» de Alberto Cortez

Qué más da que yo le cante
si se quedó en el camino,
siempre de tosca y abrojos
Don Rosa Leyes, el indio.

Fumaba siempre la pipa
que le regaló el destino.
Él era amigo de todos
y nunca tuvo un amigo.

Aunque inocentes, a veces
qué malos somos de niño.
Nos burlábamos, me acuerdo,
de Rosa Leyes, el indio.

Le quitaron el caballo
mucho antes de haber nacido,
y fue arriero de su vida
de a pie, como un peregrino.

Porque él era de una raza
que el hombre blanco no quiso
que galopara la pampa
como Dios lo había previsto.

Un día se fue despacio,
como abrazando al olvido.
Con un poco de tabaco
y una limosna de vino.

No hubo ni llanto ni duelo
por Rosa Leyes, el indio.
Su muerte, toda la vida
se la fue llorando él mismo.

Actividad 2

Listen to the verses again. After the verses you will hear several statements. Some of them are true; some of them are false. Circle the corresponding letter on your activity sheet.

1. Lo llamaron don Rosa Leyes porque era tosco y abrojo. (F)
2. De niño, Rosa Leyes era malo. (F)
3. Un amigo suyo le regaló una pipa. (F)
4. Don Rosa Leyes galopaba la pampa en su caballo. (F)
5. De niño, todos se burlaban de Rosa Leyes. (V)
6. A don Rosa Leyes parece que le gustaba su poco de tabaco y su limosna de vino. (V)
7. Todos lloraron cuando murió don Rosa Leyes. (F)
8. Se fue llorando él mismo su muerte. (V)

Actividad 3
(Text page 161)

Listen to the situation.

¿Qué hacían los Martínez el domingo pasado durante el partido de fútbol? Cada persona tiene distintos intereses. Encendieron el televisor, pero hacían lo que les daba la gana.

Now do as the student does in the following model.

mi padre / dormir en su sillón y no enterarse de nada
Mi padre dormía en su sillón y no se enteraba de nada.

1. yo / mirar la tele y comer tamales y champurrado
   (Yo miraba la tele y comía tamales y champurrado.)

2. mi madre / ausentarse de la casa y visitar a amigos
   (Mi madre se ausentaba de la casa y visitaba a amigos.)

3. Loreto / padecer de dolor de cabeza y descansar en su habitación
   (Loreto padecía de dolor de cabeza y descansaba en su habitación.)

4. Lorenzo / escuchar mientras hacer los deberes
   (Lorenzo escuchaba mientras hacía los deberes.)

5. el perro / ladrar y molestar a todos
   (El perro ladraba y molestaba a todos.)

6. los vecinos / tener invitados y jugar al póker
   (Los vecinos tenían invitados y jugaban al póker.)

7. los miembros del club acuático / nadar y remar en el lago
   (Los miembros del club acuático nadaban y remaban en el lago.)

8. cada individuo / lo pasar a su gusto y nadie / tener que conformarse
   (Cada individuo lo pasaba a su gusto y nadie tenía que conformarse.)

Actividad 4

Form sentences according to the model, using either the preterite or imperfect tense.

en aquella época yo / estudiar el sistema jurídico
En aquella época yo estudiaba el sistema jurídico.

una semana en París él / estudiar el sistema jurídico
Una semana en París él estudió el sistema jurídico.

1. ayer yo / conocer a los Sres. Puig
   (Ayer yo conocí a los Sres. Puig.)
   durante muchos años nosotros / conocer a los Sres. Puig
   (Durante muchos años nosotros conocíamos a los Sres. Puig.)

2. siempre tú / ir al centro en autobús
   (Siempre tú ibas al centro en autobús.)
   una vez yo / ir al centro en autobús
   (Una vez yo fui al centro en autobús.)

3. cada mañana nosotros / salir de casa sin comer
   (Cada mañana nosotros salíamos de casa sin comer.)
   esta mañana Felipe / salir de casa sin comer
   (Esta mañana Felipe salió de casa sin comer.)

4. esta tarde el profesor / venir a verme
   (Esta tarde el profesor vino a verme.)
   todas las tardes los chicos / venir a verme
   (Todas las tardes los chicos venían a verme.)

5. hoy al mediodía tú / oír las noticias por radio
   (Hoy al mediodía tú oíste las noticias por radio.)
   muchas veces Ud. / oír las noticias por radio
   (Muchas veces Ud. oía las noticias por radio.)

6. por la tarde yo / estar en tu casa
   (Por la tarde yo estaba en tu casa.)
   por diez minutos Carlos / estar en tu casa
   (Por diez minutos Carlos estuvo en tu casa.)

7. sucedió cuando ella / ser presidente del club
   (Sucedió cuando ella era presidente del club.)
   durante un año ella / ser presidente del club
   (Durante un año ella fue presidente del club.)

8. todos los domingos nosotros / ver a Juan en el cine

(Todos los domingos nosotros veíamos a Juan en el cine.)

el domingo pasado tú / ver a Juan en el cine

(El domingo pasado tú viste a Juan en el cine.)

Actividad 5

Listen to the following narrative which deals with the communication system of the Inca Indians.

Los españoles que conquistaron al Perú en mil quinientos treinta y dos bajo el mando de Francisco Pizarro, encontraron un sistema de carreteras bien avanzado que unía todas las partes del imperio incaico con la capital en Cuzco. Una de las carreteras anchas seguía hacia la costa. Otras, más estrechas, torcían por los altos picos de los Andes y demostraban la destreza de los ingenieros incaicos. Pavimentadas con inmensas piedras llanas, las carreteras tenían unas casas llamadas tambos, a intervalos fijos, en donde los viajeros y los mensajeros podían descansar. También había puentes colgantes de cuerdas gruesas que cruzaban las hondas quebradas. Espaciados por estas carreteras los chasquis del Inca llevaban los mensajes importantes de una parte del imperio a otra, a veces corriendo ciento cincuenta millas en un solo día.

Actividad 6

Listen to the narrative again. After the narrative you will hear a series of statements. Some of them are true; some of them are false. Circle the corresponding letter on your activity sheet.

1. Los incas tenían muy buenas carreteras en la costa pero no en las montañas. (F)
2. Todas las carreteras incaicas eran estrechas. (F)
3. Los incas no tenían ingenieros. (F)
4. Los incas pavimentaron las carreteras con casas. (F)
5. A intervalos fijos en las carreteras había tambos. (V)
6. Un tambo es un puente colgante. (F)
7. Los mensajeros del Inca se llamaban chasquis. (V)
8. Las quebradas se cruzaban por puentes colgantes. (V)

Actividad 7

Listen to two stanzas from the poem "¡Quién sabe!" by José Santos Chocano.

Indio de frente taciturna
y de pupilas sin fulgor,
¿qué pensamiento es el que escondes
en tu enigmática expresión?
¿Qué es lo que buscas en tu vida?
¿Qué es lo que imploras a tu Dios?
¿Qué es lo que sueña tu silencio?
—¡Quién sabe, señor!

¡Oh raza antigua y misteriosa,
de impenetrable corazón,
que sin gozar ves la alegría
y sin sufrir ves el dolor:
eres augusta como el Ande,
el Grande Océano y el Sol!
Ése tu gesto que parece
como de vil resignación,
es de una sabia indiferencia
y de un orgullo sin rencor . . .

Actividad 8

Listen to the stanzas again. After the stanzas you will hear several questions. On your activity sheet there are three possible answers for each question. Circle the letter of the correct answer.

1. ¿Qué significa en este poema la línea: «¡Quién sabe, señor!»? (a)
2. ¿Cómo es el gesto del indio? (b)
3. ¿A qué compara la raza el autor? (a)
4. Según las estrofas presentadas, ¿cómo es el corazón del indio? (c)
5. ¿Cuál de estos tres adjetivos describe mejor al indio del poema? (c)

CUADRO 5 / LA LEYENDA

● **Primera parte**

Actividad 1
(Text page 170)

Listen to the following narrative.

El lago encantado

La esposa del curaca se llamaba Ima. El noble amaba a lma con ternura y pasión. Cuando se recibieron las primeras noticias del Cuzco acerca de los invasores, la frente de la joven india se nubló y tuvo sueños de mal agüero.

—Tú estás inquieta—le dijo su marido—; la mala noticia te ha alarmado, pero de todas partes llegan guerreros y pronto el Inca estará libre de los invasores.

—Yo he soñado que las hojas de los árboles caían—contestó Ima—y eso significa desgracia.

—Los sueños engañan muchas veces, mi querida; no todos son enviados por los dioses.

—Pero éste sí, esposo mío—insistió Ima—. Y ayer, vi una bandada de pájaros que volaba hacia el norte. Un sacerdote me explicó que eso también indica calamidad.

El curaca disimuló su propia inquietud y se preparó a partir con sus tropas. Antes de partir llamó a Ima, y dándole la urna sagrada, le dijo:

—Antes de dejarla caer en manos de los enemigos, arrójala al lago sombrío, oculto en medio de la sierra.

Ima prometió hacer lo que mandaba su esposo. A los pocos días el curaca partió con sus guerreros.

Actividad 2

Listen to the narrative again. After the narrative you will hear several questions. Write brief answers on your activity sheet.

1. ¿Cómo se llamaba la esposa del curaca?
   (La esposa del curaca se llamaba Ima.)

2. ¿De dónde vino la noticia de la llegada de los invasores?
   (La noticia de la llegada de los invasores vino del Cuzco.)

3. ¿Qué sueños tuvo la mujer del curaca?
   (La mujer del curaca tuvo sueños de mal agüero.)

4. ¿Quiénes venían de todas partes para liberar al Inca?
   (De todas partes venían guerreros para liberar al Inca.)

5. ¿Qué había soñado la mujer del curaca?
   (Había soñado que de los árboles caían hojas.)

6. ¿Qué significaba el sueño de Ima?
   (Significaba desgracia.)

7. ¿Qué había visto volando hacia el norte la esposa?
   (Había visto una bandada de pájaros volando hacia el norte.)

8. ¿Quién le explicó a la esposa del curaca que eso significaba calamidad?
   (Un sacerdote le explicó a la esposa del curaca que eso significaba calamidad.)

9. ¿Qué le dio a Ima el curaca antes de partir con sus tropas?
(Antes de partir con sus tropas el curaca le dio a Ima la urna sagrada.)

10. ¿Qué tenía que hacer Ima antes de dejarla caer en manos de los enemigos?
(Antes de dejarla caer en manos de los enemigos tenía que arrojarla en el lago.)

Actividad 3

Listen to the situation.

Los niños aprenden haciendo muchas preguntas.
Se requiere mucha paciencia con muchas repeticiones.
No te olvides—así aprendiste tú.

Now answer the question "¿Qué es esto?" according to the model.

¿Qué es esto? lápiz
Es un lápiz. Es para escribir.

1. ¿Qué es esto? llave (Es una llave. Es para abrir la puerta.)

2. ¿Qué es esto? coche (Es un coche. Es para manejar.)

3. ¿Qué es esto? libro (Es un libro. Es para leer.)

4. ¿Qué es esto? la guía telefónica (Es una guía telefónica.
Es para encontrar números de teléfono.)

5. ¿Qué es esto? peine (Es un peine. Es para peinarse.)

6. ¿Qué es esto? lámpara (Es una lámpara. Es para iluminar.)

7. ¿Qué es esto? pelota (Es una pelota. Es para jugar.)

8. ¿Qué es esto? jabón (Es un jabón. Es para lavarse.)

9. ¿Qué es esto? toalla (Es una toalla. Es para secarse.)

10. ¿Qué es esto? cepillo de dientes (Es un cepillo de dientes. Es para cepillarse los dientes.)

Actividad 4

Listen to the description of an open-air market in Madrid.

Los domingos hay un mercado al aire libre en casi todas las ciudades de España. Desde luego, el de Madrid, llamado «El Rastro», es el más grande de España, y miles de personas acuden allí. Se vende toda clase de artículos y por poco dinero uno puede encontrar gangas.

Now answer the following questions according to the cue provided. (The cues also appear on the activity sheet.)

¿Cuánto cuesta este abanico? veinte euros
Lléveselo por veinte euros.

1. ¿Cuánto cuesta esa bota de piel? sesenta y cinco euros
(Llévesela por sesenta y cinco euros.)

2. ¿Cuánto cuesta aquel plato de cerámica pintada? treinta euros
(Lléveselo por treinta euros.)

3. ¿Cuánto cuesta este cuadro pintado a mano? doscientos euros
(Lléveselo por doscientos euros.)

4. ¿Cuánto cuesta un paquete de postales? cinco euros
(Lléveselo por cinco euros.)

5. ¿Cuánto cuestan estos pendientes de cristal? veinticinco euros
(Lléveselos por veinticinco euros.)

6. ¿Cuánto cuesta una ración de churros? tres euros
(Llévesela por tres euros.)

7. ¿Cuánto cuesta este CD? quince euros
(Lléveselo por quince euros.)

8. ¿Cuánto cuesta esa peineta alta? dieciocho euros
(Llévesela por dieciocho euros.)

Actividad 5
(Text page 180)

Listen to the following narrative.

La vieja del candilejo

Preguntó el Alcalde Mayor:
—¿Conoces este candil?
—Sí . . . ya he dicho que es mío—balbució la anciana.
—¿Y no has reconocido a la persona que mató al caballero?
—No la vi . . .
—Está bien—continuó el Alcalde—. Quieres que te obliguemos a confesar y vas a hacerlo muy pronto.
Los sayones empuñaron los vergajos, y ya se disponían a descargarlos fieramente sobre la insignificante viejecilla, cuando dijo el monarca:
—Si sabes quién es el matador, te ordeno que declares su nombre. Mi justicia es igual para todos y nada tienes que temer de ella.
Pero la anciana, pálida y temblorosa, no se atrevía a fijar los ojos en don Pedro, que, sin duda, le parecía algún semidiós.
Y solamente pudo balbucir unas palabras ininteligibles.
—Empezad . . . —ordenó don Martín a los sayones.

Actividad 6

Listen to the narrative again. After the narrative you will hear several statements. Some of them are true; some of them are false. Circle the corresponding letter on your activity sheet.

1. Ésta es una conversación entre una anciana y los sayones. (F)
2. La anciana dice que no ha visto a la persona que mató al caballero. (V)
3. El Alcalde Mayor se llama don Pedro. (F)
4. El Alcalde quiere que la mujer confiese. (V)
5. Los sayones empuñaron los vergajos. (V)
6. La justicia del monarca es igual para todos. (V)
7. La anciana no se atrevía a fijar los ojos en don Pedro. (V)
8. Don Pedro le parecía a la anciana algún semidiós. (V)
9. Don Pedro sólo pudo balbucir unas palabras ininteligibles. (F)

Actividad 7

Listen to the following narrative about an Inca treasure.

¿Quieres buscar oro en el Perú? Aún hoy hay expediciones para descubrir el legendario rescate de Atahualpa. La historia nos dice que Pizarro y los invasores españoles llegaron al Perú en mil quinientos treinta y dos. El imperio incaico estaba debilitado por una guerra civil entre Atahualpa y su hermano Huáscar, ambos hijos del Inca Huayna Cápac. Huáscar era el heredero al trono, pero Atahualpa tenía un fuerte ejército en el norte. A la muerte de

Huayna Cápac, la guerra entre los hermanos estalló y esto benefició enormemente a Pizarro, quien llegaba por el norte y conoció a Atahualpa. Atahualpa derrotó a Huáscar a quien mandó matar con la ayuda de los caballos y armas de fuego de Pizarro. Atahualpa fue coronado Inca, pero durante la celebración que siguió, Pizarro y sus hombres lo tomaron prisionero. A cambio de su libertad, Atahualpa prometió a los invasores llenarles una sala de oro y plata, y en todas partes del imperio mandaron recoger todos los metales preciosos para rescatar al querido Hijo del Sol.

Sin embargo, en vez de soltar al Inca, un tribunal de españoles lo sentenció a muerte por haber cometido el sacrilegio de matar a su hermano. Al correr por el imperio la noticia de su muerte, los indios enterraron las riquezas de las caravanas todavía en marcha para rescatar al Inca.

Actividad 8

Listen to the narrative again. After the narrative you will hear a series of statements. Some of them are true; some of them are false. Circle the corresponding letter on your activity sheet.

1. Los españoles llegaron al Perú en mil quinientos treinta y dos. (V)
2. Había una guerra civil. (V)
3. Atahualpa derrotó a Huáscar. (V)
4. Pizarro se consideraba el Hijo del Sol. (F)
5. Un tribunal español determinó el destino del Inca. (V)
6. Atahualpa prometió llenarles a los españoles una sala de metales preciosos. (V)
7. Murió Atahualpa antes de ser sentenciado. (F)
8. Ejecutaron al Hijo del Sol. (V)
9. Aún hoy hay expediciones para descubrir el legendario rescate de Atahualpa. (V)

Segunda parte

Actividad 1
(Text page 189)

Listen to the following narrative.

La camisa de Margarita

Don Raimundo (¡al fin, padre!) se encaminó como loco a casa de don Honorato y le dijo:

—Vengo a que consienta usted en que mañana mismo se case su sobrino con Margarita; porque, si no, la muchacha se nos va por la posta.

—No puede ser—contestó con desabrimiento el tío—. Mi sobrino es un pobretón, y lo que usted debe buscar para su hija es un hombre que varee la plata.

El diálogo fue borrascoso. Mientras más rogaba don Raimundo, más se subía el aragonés a la parra, y ya aquél iba a retirarse desahuciado cuando don Luis, terciando en la cuestión, dijo:

—Pero, tío, no es de cristianos que matemos a quien no tiene la culpa.

—¿Tú te das por satisfecho?

—De todo corazón, tío y señor.

—Pues bien, muchacho, consiento en darte gusto; pero con una condición, y es ésta: don Raimundo me ha de jurar que no regalará un ochavo a su hija ni le dejará un real en la herencia.

Actividad 2

Listen to the narrative again. After the narrative you will hear several questions. Each is followed by three possible answers. Circle the letter that corresponds to the correct answer on your activity sheet.

1. ¿Qué es el deseo de don Raimundo? (b)
   a. Quiere ver a Margarita mañana mismo.
   b. Quiere que el sobrino de don Honorato se case con Margarita.
   c. Quiere que la muchacha se les vaya por la posta.

2. ¿Cómo le habla el tío a don Raimundo? (b)
   a. con alegría
   b. con disgusto
   c. con calma

3. ¿Qué quiere decir la expresión «un hombre que varee la plata»? (a)
   a. un hombre que tenga dinero
   b. un hombre que sea un pobretón
   c. un hombre que se suba a la parra

4. ¿Cómo fue el diálogo entre los dos hombres? (c)
   a. terciando
   b. desahuciado
   c. borrascoso

5. ¿Qué condición le pone don Honorato al arreglo en el que por fin consiente? (c)
   a. que quiere darle gusto a su sobrino
   b. que la boda tendrá lugar en ocho días
   c. que el padre de la novia no le regalará dinero a su hija

Actividad 3
(Text page 202)

Listen to the situation described.

A muchos les gusta ir al jardín zoológico, especialmente a los niños. Es una buena diversión, especialmente durante los días bonitos de otoño. Di lo que han hecho muchos visitantes hoy en el zoológico.

Now you will hear a series of statements telling what different people have and have not done at the zoo. Form sentences according to the model. (The cues also appear on the activity sheet.)

yo / Juan: visitar la jaula de los monos
Yo he visitado la jaula de los monos, pero Juan no la ha visitado.

1. Carlos / nosotros: oír el rugir de los leones
   (Carlos ha oído el rugir de los leones, pero nosotros no lo hemos oído).

2. nosotros / ellos: ver los elefantes
   (Nosotros hemos visto los elefantes, pero ellos no los han visto.)

3. tú / tu hermano: subir al camello
   (Tú has subido al camello, pero tu hermano no ha subido.)

4. nosotros / Pablo: dar cacahuates a los chimpancés
   (Nosotros hemos dado cacahuates a los chimpancés, pero Pablo no se los ha dado.)

5. yo / los otros chicos: volver a la casa de los pájaros
   (Yo he vuelto a la casa de los pájaros, pero los otros chicos no han vuelto allí.)

6. la cebra / dos tigres: romper las cadenas
   (La cebra ha roto las cadenas, pero dos tigres no las han roto.)

7. mi tío / yo: sacar fotos de los pandas
   (Mi tío ha sacado fotos de los pandas, pero yo no las he sacado.)

8. papá / tú: abrir un paquete de película a colores
    (Papá ha abierto un paquete de película a colores, pero tú no lo has abierto.)

9. yo / los fotógrafos profesionales: romper la cámara
    (Yo he roto la cámara, pero los fotógrafos profesionales no la han roto.)

10. yo / Lucía: leer el horario de las presentaciones
    (Yo he leído el horario de las presentaciones pero Lucía no lo ha leído.)

11. Adrián / nuestros sobrinos: decir su nombre al payaso
    (Adrián le ha dicho su nombre al payaso, pero nuestros sobrinos no se lo han dicho.)

12. Elena / yo: comer palomitas calientes
    (Elena ha comido palomitas calientes, pero yo no las he comido.)

Actividad 4
(Text page 204)

Listen to the situation.

Cada mañana hay mucho ruido, desorden y confusiones en la administración de cierto colegio secundario. Miremos la escena por unos momentos.

Now answer the following questions according to the model.

¿Recibió la directora mi solicitud? (Dudo)
Dudo que la haya recibido.

1. ¿Trajo mis llaves el conserje? (No, no creo)
    (No, no creo que las haya traído.)

2. ¿Encontraron nuestros libros de español? (Es posible)
    (Es posible que los hayan encontrado.)

3. ¿Vio el consejero la lista de sobresalientes? (Es improbable)
    (Es improbable que la haya visto.)

4. ¿Pidió la bibliotecaria los libros de arte? (Es probable)
    (Es probable que los haya pedido.)

5. ¿Escribió la jefa los cheques para el equipo de básquetbol? (Es dudoso)
    (Es dudoso que los haya escrito.)

6. ¿Resolvieron el conflicto del horario? (No estoy segura)
    (No estoy segura que lo hayan resuelto.)

7. ¿Dijeron los resultados de la elección de ayer? (No es posible)
    (No es posible que los hayan dicho.)

8. ¿Devolvió el proyector el departamento de gobierno? (Dudo)
    (Dudo que lo haya devuelto.)

9. ¿Abrieron la cafetería para la reunión? (No estoy segura)
    (No estoy segura que la hayan abierto.)

10. ¿Hicieron los anuncios esta mañana? (Es posible)
    (Es posible que los hayan hecho.)

Actividad 5
(Text page 195)

Listen to the following legend.

La leyenda de Santo Domingo de la Calzada

   Cuenta la leyenda que llegaron a la hospedería de Santo Domingo tres peregrinos: un matrimonio acompañados de un hijo adolescente. Una criada que atendía a los huéspedes se encaprichó con el muchacho y, cuando él la rechazó, se vengó del desaire metiendo en su morral una valiosa copa de plata y denunciándolo luego como autor del robo. Siguiendo la ley que regía en aquella época, el muchacho fue condenado a muerte por ladrón y luego ahorcado. Los padres, sin poder hacer nada por él, siguieron tristemente su peregrinaje, cumplieron con su visita a la tumba del apóstol en Santiago de Compostela y, ya de regreso, pasaron por el cadalso donde vieron a su hijo colgado, pero vivo y alegre de volverles a encontrar.

Convencidos de que se hallaban ante un milagro de Santo Domingo, los viejos corrieron a la casa del corregidor para darle cuenta de lo que habían contemplado y pedirle perdón para su hijo, que tan milagrosamente había sobrevivido. Pero el corregidor, que estaba sentado a la mesa dispuesto a comerse un gallo y una gallina recién asados, se rió de las pretensiones de los padres, proclamando que la supervivencia del ahorcado era tan imposible como proclamar que estuvieran vivos el gallo y la gallina que iba a comerse. Apenas lo hubo dicho, el gallo y la gallina volvieron a cubrirse de plumas y escaparon cacareando del trinchante que les amenazaba.

En recuerdo de aquel prodigio, los ciudadanos de Santo Domingo de la Calzada mantienen desde entonces un gallo y una gallina vivos en uno de los altares de la catedral, convertido en jaula. Cada año, uno de los claveros de la fiesta del santo repone con dos nuevos ejemplares los del año anterior y es más que curioso escuchar el cacareo de las aves, que indefectiblemente dejan oír su voz cuando se celebra en la catedral algún acto litúrgico. Con el tiempo, se convirtió en costumbre inveterada que los peregrinos, al pasar por Santo Domingo de la Calzada, colocasen en la cinta de su sombrero una pluma procedente de aquella jaula.

Actividad 6

Listen to the legend again. After the legend you will hear several statements that refer either to the *peregrinos* or to the *aves*. Check the correct box of the chart on your activity sheet.

1. Llegan a una casa donde se pueden alojar. (P)
2. Tenían una criada que los atendía. (P)
3. Servían de cena para el corregidor. (A)
4. Fue condenado a muerte. (P)
5. Se pueden ver enjaulados en uno de los altares de la catedral. (A)
6. Milagrosamente había sobrevivido. (P)
7. Se volvieron a cubrirse de plumas. (A)
8. Pasaron por el cadalso. (P)
9. Colocan en la cinta del sombrero una pluma. (P)
10. Dejan oír su voz cuando se celebra en la catedral algún acto litúrgico. (A)
11. Cacarean. (A)
12. Van a Compostela. (P)

Actividad 7

Listen to the following narrative.

Según una leyenda azteca, la tribu Tenochca fue guiada por el dios Huitzilopochtli a una isla del lago Texcoco. Allí los indios vieron un águila puesto en percha sobre un cacto y comiendo una serpiente. Un agüero les había dicho a los indios que en tal lugar tenían que construir una ciudad. Los tenochcas empezaron con un pequeño templo, pero por medio de alianzas inteligentes y una fuerte dedicación a la guerra llegaron a ser los más poderosos de los aztecas, dominando el valle de México y fundando a Tenochitlán, más tarde la capital de todo el imperio azteca.

Actividad 8

Listen to the narrative again. After the narrative you will hear several statements. Some of them are true; some of them are false. Circle the corresponding letter on your activity sheet.

1. Los tenochcas eran una tribu de los aztecas. (V)
2. Entre los dioses de los indios había uno que se llamaba Texcoco. (F)
3. Los tenochcas fundaron una ciudad en una isla en medio de un lago. (V)
4. Según los indios, un agüero les había dicho dónde fundar su ciudad. (V)
5. El águila que vieron los indios tenía un cacto en la boca. (F)
6. La capital del imperio azteca refleja el nombre de los indios fundadores. (V)
7. La primera construcción de los tenochcas era un pequeño templo. (V)
8. Los tenochcas llegaron a ser muy poderosos sólo por su dedicación a la guerra. (F)

Actividad 9

Listen to the following narrative about the legendary way the Moors might have entered Spain.

Hay varias leyendas que relacionan la historia de una traición con la llegada a España de los moros, invasores árabes que durante casi ocho siglos ocuparon gran parte de la Península Ibérica. Una de estas leyendas nos cuenta que don Rodrigo, el último rey godo, un día vio bañarse a Florinda la Cava, hermosa doncella de la reina. A primera vista el rey se enamoró de ella, y sin pedir el permiso del padre de Florinda le hizo varias proposiciones no todas honradas.

Don Julián, el padre de Florinda, era en aquel entonces gobernador del norte de África, y enfurecido con la conducta del rey hacia su hija, juró vengarse.

La leyenda dice que lo hizo abriendo las puertas de España a los moros invasores. En Toledo hay todavía un lugar a orillas del río Tajo en donde se dice que don Rodrigo, desde una ventana de su palacio, vio a la bella Florinda. El lugar se llama «El Baño de la Cava».

Actividad 10

Listen to the narrative again. After the narrative you will hear a series of questions. Each is followed by three possible answers. Circle the letter of the correct answer on your activity sheet.

1. ¿Por cuánto tiempo ocuparon los moros gran parte de la Península Ibérica? (c)
   a. casi ocho años
   b. casi ochenta años
   c. casi ochocientos años
2. ¿Quién era don Rodrigo? (b)
   a. gobernador del norte de África
   b. último rey godo
   c. padre de Florinda la Cava
3. ¿Qué hacía Florinda a orillas del río Tajo? (b)
   a. Jugaba.
   b. Se bañaba.
   c. Hacía proposiciones no todas honradas.
4. ¿Qué le pasó a don Rodrigo la primera vez que vio a Florinda? (a)
   a. Se enamoró de ella.
   b. La hizo doncella de la reina.
   c. Pidió el permiso de su padre.
5. Según la leyenda, ¿qué motivo tenía don Julián para abrir las puertas de España a los moros invasores? (c)
   a. Quería un palacio en Toledo.
   b. Quería ser gobernador del norte de África.
   c. Quería vengarse.

CUADRO 6 / SENTIMIENTOS Y PASIONES

Primera parte

Actividad 1

Listen to the following conversation.

El abanico

Una amiga:	Condesita, ¿cómo no estuviste anoche en el Real? Cantaron admirablemente el *Tannhauser*.
Condesa:	Pues, mira: me quedé vestida, porque tenía deseos, muchos deseos, de oír el *Tannhauser*, es una ópera que me encanta.
Una amiga:	¿Y qué pasó?
Condesa:	Pues que ya tenía el abrigo puesto, cuando la doncella me avisó que Leonor estaba muy grave. Entré a verla, y ya no me atreví a separarme de su lado.
Marqués:	Y esa Leonor, ¿es alguna señora de la familia de Ud.?
Condesa:	Casi, Marqués; es el aya que tuvo mi mamá; y como nunca se ha separado de nosotros y me ha querido tanto, yo la veo como de mi familia.
Otra amiga:	¡Qué abanico tan precioso traes!
Condesa:	No me digas, que estoy encantada con él y lo cuido como a las niñas de mis ojos; es un regalo que me hizo mi padre el día de mi santo, y son un primor la pintura, las varillas y todo él; me lo compró en París.
Todos:	A ver, a ver. Ábrelo, por favor.
Narrador:	En este momento, uno de los criados que penosamente cruzaba entre las señoras llevando en las manos una enorme bandeja con helados, tropezó, vaciló y, sin poderse valer, vino a chocar contra el abanico, abierto en aquellos momentos, haciéndolo pedazos. Crujieron las varillas, rasgóse la tela y poco faltó para que los fragmentos hirieran la mano de la Condesita.
Una amiga:	¡Qué bruto!
Otra amiga:	¡Qué animal tan grande!
Una amiga:	¡Parece que no tiene ojos!
Narrador:	El pobre criado, rojo de vergüenza y sudando de pena, podía apenas balbucir una disculpa inteligible.
Condesa:	No se apure Ud., no se mortifique; no tiene Ud. la culpa; nosotras, que estamos aquí estorbando el paso.
Condesa:	Marqués, están tocando un vals, y yo lo tengo comprometido con Ud.; ¿me lleva al salón de baile?

Actividad 2

Listen to the conversation again. After the conversation you will hear several statements. Some of them are true; some of them are false. Circle the corresponding letter on your activity sheet.

1. El Real es un centro cultural. (V)
2. La Condesita tenía ganas de ir a esa ópera que considera de gran mérito. (V)
3. En los tiempos pasados, algunas familias cuidaban a los criados fieles en su vejez. (V)
4. La Condesita llevaba un abanico porque hacía calor en el salón. (F)
5. Ella era muy delicada y tenía que cuidarse los ojos. (F)
6. La Condesita considera que su padre es un santo. (F)

7. Cuando las curiosas se congregaban a ver el abanico de cerca ocurrió un incidente desafortunado e inesperado. (V)
8. Un animal lastimó la mano de la Condesita. (F)
9. La Condesita se enojó cuando vio el abanico hecho pedazos. (F)
10. Para mitigar la ocasión, la Condesita recordó al Marqués que le había prometido bailar con él el vals que tocaban. (V)

Actividad 3

Listen to the narrative.

Es el año 1492. Cristóbal Colón está convencido de que el mundo es redondo, y tiene la convicción de poder realizar su gran sueño. Además de tener confianza en sí mismo, es audaz y valiente. Éstas son las ideas que él expresó a su reina y amigos.

Actividad 4

Listen to the following statements and restate the action of the infinitive in the future.

Voy a convencer a la reina para que me respalde en esta misión.
Convenceré a la reina para que me respalde en esta misión.

1. Voy a traer gloria y honor a España.
   (Traeré gloria y honor a España.)

2. Voy a ser famoso durante el resto de mi vida y más tarde en la historia.
   (Seré famoso durante el resto de mi vida y más tarde en la historia.)

3. Los barcos van a partir de Palos en agosto, 1492.
   (Los barcos partirán de Palos en agosto, 1492.)

4. Los barcos van a regresar con grandes riquezas de la China.
   (Los barcos regresarán con grandes riquezas de la China.)

5. Nosotros vamos a quedarnos en las Canarias para hacer reparaciones.
   (Nos quedaremos en las Canarias para hacer reparaciones.)

6. Vamos a estar aislados durante varias semanas.
   (Estaremos aislados durante varias semanas.)

7. La reina Isabel va a ofrecer su dinero para la expedición.
   (La reina Isabel ofrecerá su dinero para la expedición.)

8. La reina Isabel va a ser la mujer más rica del mundo.
   (La reina Isabel será la mujer más rica del mundo.)

9. Los marineros van a ver nuevas tierras.
   (Los marineros verán nuevas tierras.)

10. Los marineros van a vivir bien al regresar a España.
    (Los marineros vivirán bien al regresar a España.)

Actividad 5

Listen to the situation.

Se pasan y reciben recados por carta, por teléfono, a máquina o contestador automático, por radio y T.V., y directamente de individuos.

Now answer the following questions according to the model.

Marisa viene al aeropuerto.
¿Qué dice Marisa?
Marisa dice que vendrá al aeropuerto.

1. Marisa no puede perder la oportunidad de vernos.
   ¿Qué dice Marisa?
   (Dice que no podrá perder la oportunidad de vernos.)

2. Marisa sale temprano de la oficina.
   ¿Qué dice Marisa?
   (Marisa dice que saldrá temprano de la oficina.)

3. Marisa tiene que buscarnos en la entrada principal.
   ¿Qué dice Marisa?
   (Marisa dice que tendrá que buscarnos en la entrada principal.)

4. Marisa hace algo bueno de comer.
   ¿Qué promete Marisa?
   (Marisa promete que hará algo bueno de comer.)

5. Marisa sabe detalles de su nuevo empleo.
   ¿Qué escribe Marisa?
   (Marisa escribe que sabrá detalles de su nuevo empleo.)

6. Marisa nos dice algo de mucha importancia.
   ¿Qué promete Marisa?
   (Marisa promete que nos dirá algo de mucha importancia.)

7. Vale la pena pasar la noche en casa con ellos.
   ¿Qué dice Marisa?
   (Marisa dice que valdrá la pena pasar la noche en casa con ellos.)

8. No caben todas las noticias en una carta.
   ¿Qué escribe Marisa?
   (Marisa escribe que no cabrán todas las noticias en una carta.)

Actividad 6

Listen to the situation.

Hay acciones y reacciones lógicas y normales en distintas situaciones.

Now answer the following questions using the cues provided.

En un aguacero, ¿qué harías?
llevar un impermeable
En un aguacero, llevaría un impermeable.

1. En un incendio, ¿qué harías? llamar a los bomberos
   (En un incendio, llamaría a los bomberos.)

2. En un robo, ¿qué harías? llamar a la policía
   (En un robo, llamaría a la policía.)

3. En un avión, ¿qué harías? abrochar el cinturón de seguridad
   (En un avión, abrocharía el cinturón de seguridad.)

4. En la biblioteca, ¿qué harías? no hablar
   (En la biblioteca, no hablaría.)

5. En una boda, ¿qué harías? felicitar a los novios
   (En una boda, felicitaría a los novios.)

6. En una fiesta de cumpleaños, ¿qué harías? abrir los regalos con entusiasmo
   (En una fiesta de cumpleaños, abriría los regalos con entusiasmo.)

7. En la carretera, ¿qué harías? conducir con cuidado
   (En la carretera, conduciría con cuidado.)

8. En un accidente automovilístico, ¿qué harías? ayudar a los accidentados
   (En un accidente automovilístico, ayudaría a los accidentados.)

9. En una disputa callejera, ¿qué harías? evitar un conflicto
   (En una disputa callejera, evitaría un conflicto.)

Actividad 7

Listen to the following poem by Manuel González Prada.

Al amor

  Si eres un bien arrebatado al cielo,
¿por qué las dudas, el gemido, el llanto,
la desconfianza, el torcedor quebranto,
las turbias noches de febril desvelo?

  Si eres un mal en el terrestre suelo,
¿por qué los goces, la sonrisa, el canto,
las esperanzas, el glorioso encanto,
las visiones de paz y de consuelo?

  Si eres nieve, ¿por qué tus vivas llamas?;
si eres llama, ¿por qué tu hielo inerte?;
si eres sombra, ¿por qué la luz derramas?

  ¿Por qué la sombra, si eres luz querida?;
si eres vida, ¿por qué me traes la muerte?;
si eres muerte, ¿por qué me das la vida?

Actividad 8

Listen to the poem again. Then write (in English or Spanish) a few sentences telling what the theme of the poem is and what the poet says about it.

Segunda parte

Actividad 1
(Text page 222)

Listen to the narrative.

La pared

   Una tarde sonaron a rebato las campanas del pueblo. Ardía la casa del tío Rabosa. Los nietos estaban en la huerta; la mujer de uno de éstos en el lavadero, y por las rendijas de puertas y ventanas salía un humo denso de paja quemada. Dentro, en aquel infierno que rugía buscando expansión, estaba el abuelo, el pobre tío Rabosa, inmóvil en su sillón. La nieta se mesaba los cabellos, acusándose como autora de todo por su descuido; la gente arremolinábase en la calle, asustada por la fuerza del incendio. Algunos, más valientes, abrieron la puerta, pero fue para retroceder ante la bocanada de denso humo cargada de chispas que se esparció por la calle.

   —¡El agüelo! ¡El pobre agüelo!—gritaba la de los Rabosas volviendo en vano la mirada en busca de un salvador.

   Los asustados vecinos experimentaron el mismo asombro que si hubieran visto el campanario marchando hacia ellos. Tres mocetones entraban corriendo en la casa incendiada. Eran los Casporras. Se habían mirado cambiando un guiño de inteligencia, y sin más palabras se arrojaron como salamandras en el enorme brasero. La multitud les aplaudió al verles reaparecer llevando en alto como a un santo en sus andas al tío Rabosa en su sillón de esparto. Abandonaron al viejo sin mirarle siquiera, y otra vez adentro.

   —¡No, no!—gritaba la gente.

Pero ellos sonreían siguiendo adelante. Iban a salvar algo de los intereses de sus enemigos. Si los nietos del tío Rabosa estuvieran allí, ni se habrían movido ellos de casa. Pero sólo se trataba de un pobre viejo, al que debían proteger como hombres de corazón. Y la gente les veía tan pronto en la calle como dentro de la casa, buceando en el humo, sacudiéndose las chispas como inquietos demonios, arrojando muebles y sacos para volver a meterse entre las llamas.

Lanzó un grito la multitud al ver a los dos hermanos mayores sacando al menor en brazos. Un madero, al caer, le había roto una pierna.

—¡Pronto, una silla!

La gente, en su precipitación, arrancó al viejo Rabosa de su sillón de esparto para sentar al herido.

El muchacho, con el pelo chamuscado y la cara ahumada, sonreía, ocultando los agudos dolores que le hacían fruncir los labios. Sintió que unas manos trémulas, ásperas, con las escamas de la vejez, oprimían las suyas.

—¡Fill meu! ¡Fill meu!—gemía la voz del tío Rabosa, quien se arrastraba hacia él.

Y antes que el pobre muchacho pudiera evitarlo, el paralítico buscó con su boca desdentada y profunda las manos que tenía agarradas y las besó un sinnúmero de veces, bañándolas con lágrimas.

Ardió toda la casa. Y cuando los albañiles fueron llamados para construir otra, los nietos del tío Rabosa no les dejaron comenzar por la limpia del terreno, cubierto de negros escombros. Antes tenían que hacer un trabajo más urgente: derribar la pared maldita. Y empuñado el pico, ellos dieron los primeros golpes.

Actividad 2

Listen to the narrative again. After the narrative you will hear a series of questions. Each question is followed by three possible answers. Circle the letter that corresponds to the correct answer on your activity sheet.

1. ¿Qué ruido estrepitoso se oye al comenzar la selección? (b)
   a. una sonata
   b. las campanas de la iglesia
   c. una muchedumbre descontrolada
2. ¿Por qué se congregaba tanta gente en medio de la calle? (c)
   a. Uno de los vecinos ha construido un molino al lado de la casa.
   b. Discutían sobre quién iba a meterse en las llamas.
   c. Tenían curiosidad por ver de cerca el incendio.
3. ¿Por qué no ayudan los nietos del tío Rabosa? (a)
   a. En ese momento no se encuentran en casa.
   b. La mujer es capaz de arreglar el rescate.
   c. Ellos tenían miedo y abandonaron la escena.
4. ¿Qué parecían los Casporras al meterse en la casa? (c)
   a. un enorme brasero
   b. inquietos y asustados
   c. salamandras
5. ¿Qué significa «hombres de corazón»? (a)
   a. hombres atrevidos y sensibles
   b. hombres tímidos y asustadizos
   c. hombres indiferentes o de poca compasión
6. Después de sacar al abuelo del fuego, ¿se despidieron? (c)
   a. sí, porque tenían miedo
   b. no, porque querían impresionar a la mujer
   c. no, porque querían ayudar más a la familia afligida
7. ¿Cómo se le quebró una pierna al más joven? (b)
   a. Se cayó del techo.
   b. Una madera cayó sobre él.
   c. Tropezó con otra silla de esparto.

8. Al darse cuenta del sacrificio hecho por sus viejos enemigos, ¿qué deseaba hacer el anciano? (a)
    a. expresarles su profunda gratitud
    b. sentarse de nuevo en su silla
    c. arrastrarse adentro de su casa
9. ¿Por qué no habló el abuelo en castellano? (c)
    a. No llevaba los dientes postizos.
    b. No quería que otros le entendieran.
    c. Hablaba como los nativos de esa región.
10. Antes de construir una nueva casa, ¿qué ceremonia fue necesaria? (c)
    a. limpiar el terreno, cubierto de negros escombros
    b. solicitar un pico de los albañiles
    c. destruir el símbolo de odio

Actividad 3

Change the following sentences to the future of probability, according to the model.

¿Adónde piensan ir ellos?
¿Adónde irán ellos?

Probablemente van a México.
Irán a México.

1. ¿Dónde piensan alojarse? (¿Dónde se alojarán?)
2. Tienen parientes en la capital. Probablemente piensan alojarse con ellos.

    (Tienen parientes en la capital. Se alojarán con ellos.)
3. ¿Piensan trabajar o hacer un viaje de placer? (¿Trabajarán o harán un viaje de placer?)
4. Piensan trabajar allí. (Trabajarán allí.)
5. ¿Cuándo piensan partir? (¿Cuándo partirán?)
6. Pues, piensan partir mañana temprano. (Pues, partirán mañana temprano.)
7. ¿Con qué línea piensan viajar? (¿Con qué línea viajarán?)
8. Piensan viajar por Mexicana de Aviación. (Viajarán por Mexicana de Aviación.)
9. ¿Cuánto tiempo piensan quedarse allí? (¿Cuánto tiempo se quedarán allí?)
10. ¿Con quién piensan dejar a los niños? (¿Con quién dejarán a los niños?)
11. Piensan dejar a los niños con los padres de ella. (Dejarán a los niños con los padres de ella.)
12. Me pregunto cuánto tiempo va a durar el vuelo. (¿Cuánto tiempo durará el vuelo?)
13. Me pregunto qué hora puede ser. (¿Qué hora será?)
14. ¡Probablamente es la una! Adiós. (¡Será la una! Adiós.)

Actividad 4

Do as the student does in the following model.

Nosotros comemos a las dos.
Ven antes de las dos o habremos comido.

1. Tu tío y yo vamos a oír misa a las 11:20.
   (Ven antes de las 11:20 o tu tío y yo habremos ido a oír misa.)

2. Yo salgo en el coche a las 12:50.
   (Ven antes de las 12:50 o yo habré salido en el coche.)

3. Los primos comienzan a mirar el vídeo a las 4:20.
   (Ven antes de las 4:20 o los primos habrán comenzado a mirar el vídeo.)

4. Las primas invitan a otro chico antes de las 6:00.
   (Ven antes de las 6:00 o las primas habrán invitado a otro chico.)

5. Yo envuelvo los regalos a las 2:45.
   (Ven antes de las 2:45 o yo habré envuelto los regalos.)

6. Ruperto le da el libro a otro antes del mediodía.
   (Ven antes del mediodía o Ruperto le habrá dado el libro a otro.)

7. Nosotros hacemos y consumimos los refrescos a las 3:30.
   (Ven antes de las 3:30 o habremos hecho y consumido los refrescos.)

8. Tu primo se acuesta antes de las 10:00.
   (Ven antes de las 10:00 o tu primo se habrá acostado.)

9. Tu tío duerme antes de las 10:30.
   (Ven antes de las 10:30 o tu tío se habrá dormido.)

10. Los abuelos salen a medianoche.
    (Ven antes de medianoche o los abuelos habrán salido.)

Actividad 5
(Text page 244)

Today the *bedel* helps Professor Castro by arranging the classroom and the audio-visual equipment.

Respond to the professor's commands with *estar* + the past participle.

Borre la pizarra.
Ya está borrada, profesor.

1. Baje la pantalla.
   (Ya está bajada, profesor.)

2. Abra la caja del proyector.
   (Ya está abierta, profesor.)

3. Enchufe el cable.
   (Ya está enchufado, profesor.)

4. Ponga el aparato encima de la mesa.
   (Ya está puesto, profesor.)

5. Enhebre la película.
   (Ya está enhebrada, profesor.)

6. Conecte el altavoz.
   (Ya está conectado, profesor.)

7. Cierre las ventanas.
   (Ya están cerradas, profesor.)

8. Apague las luces.
   (Ya están apagadas, profesor.)

9. Prenda el aparato.
   (Ya está prendido, profesor.)

10. Pare el motor.
    (Ya está parado, profesor.)

11. Encienda las luces.
    (Ya están encendidas, profesor.)

12. Reparta los papeles.
    (Ya están repartidos, profesor.)

Listen to the brief conversation and poem.

Cuando un amigo se va

Pedro:	Oye, guapa, ¿por qué tienes la cara tan triste?
Carmen:	¿No oíste? Dolores Gutiérrez se traslada a España.
Pedro:	¡Cuánto me alegro! ¿Y por eso te entristeces?
Carmen:	¡No seas tonto! Es que no regresa. Se va a quedar allí con sus padres. Su papá tiene una nueva colocación, así que es una mudanza permanente.
Pedro:	¡Estupendo!
Carmen:	Para ella, sí; para mí, no. Dolores y yo hemos sido amigas desde hace quince años.
Pedro:	Ya comprendo. «Cuando un amigo se va . . .»
Carmen:	Sí, queda un espacio vacío.
Pedro:	Esas palabras ya las he oído antes.
Carmen:	¿Cómo?
Pedro:	El poema de Alberto Cortez. ¿No te acuerdas?

Cuando un amigo se va

Cuando un amigo se va
queda un espacio vacío
que no lo puede llenar
la llegada de otro amigo.

Cuando un amigo se va,
queda un tizón encendido
que no se puede apagar
ni con las aguas de un río.

Cuando un amigo se va,
una estrella se ha perdido,
la que ilumina el lugar
donde hay un niño dormido.

Cuando un amigo se va,
se detienen los caminos
y se empieza a avinagrar,
el duende dulce del vino.

Cuando un amigo se va
galopando su destino,
empieza el alma a vibrar
porque se llena de frío.

Cuando un amigo se va,
queda un terreno baldío
que quiere el tiempo llenar
con las piedras del hastío.

Cuando un amigo se va,
se queda el árbol caído
que ya no vuelve a brotar
porque el viento lo ha vencido.

Cuando un amigo se va,
queda un espacio vacío
que no lo puede llenar
la llegada de otro amigo.

Actividad 7

Listen to the conversation and poem again. After the poem you will hear a series of statements. Some of them are true; some of them are false. Circle the corresponding letter on your activity sheet.

1. Pedro encuentra a Carmen bastante descontenta. (V)
2. Al oír la noticia, Pedro se pone triste. (F)
3. Hace mucho tiempo que las chicas se conocen. (V)
4. El poeta dice que causa dolor separarse de un amigo. (V)
5. Los amigos son como estrellas que iluminan la vida. (V)
6. Se celebra la partida de un amigo con fiestas y vinos dulces. (F)
7. Los amigos no deben dejarnos cuando hace frío. (F)
8. Al perder un amigo, a uno le queda una parte vacía. (V)
9. El poeta compara la amistad perdida a un árbol caído. (V)
10. El tiempo traerá otras amistades como la desaparecida. (F)

CUADRO 7 / TIERRA Y LIBERTAD

● Primera parte

Actividad 1

Listen to the following dialogue.

Una esperanza

Luis: Quiero la vida, que no me quiten la vida: es mía, muy mía. Si son cristianos, ¿por qué me matan? En vez de enviarle a Ud. a que me abra las puertas de la vida eterna, que empiecen por no cerrarme las de ésta . . . No quiero morir, ¿entiende Ud.? Me rebelo a morir.

Sacerdote: Hijo mío. Yo no vengo a traerle a Ud. los consuelos de la religión. En esta vez soy emisario de los hombres y no de Dios. Si Ud. me hubiese oído con calma desde el principio, hubiera Ud. evitado esa pena que le hace sollozar de tal manera. Yo vengo a traerle justamente la vida, ¿entiende Ud.?, esa vida que Ud. pedía que es para Ud. tan preciosa. Óigame con atención, procurando dominar sus nervios y sus emociones, porque no tenemos tiempo que perder. Tiene Ud. amigos poderosos que se interesan por su suerte. Su familia ha hecho hasta lo imposible por salvarlo. No pudiendo obtenerse del jefe de las armas la gracia de Ud., se ha logrado con graves dificultades y riesgos sobornar al jefe del pelotón encargado de fusilarle. Los fusiles estarán cargados sólo con pólvora y taco; al oír el disparo Ud. caerá como los otros. La oscuridad ayudará a representar la comedia. Manos piadosas lo recogerán a Ud. del sitio en cuanto el pelotón se aleje. Lo ocultarán hasta llegada la noche, durante la cual sus amigos facilitarán su huida . . . Ahora rece en voz alta, mientras pronuncio la fórmula de la absolución. Procure dominar su júbilo a fin de que nadie sospeche la verdad.

Actividad 2

Listen to the dialogue again. After the dialogue you will hear a series of questions. Each will be followed by three possible answers. On your activity sheet circle the letter of the correct answer.

1. ¿Qué es lo que no comprende Luis? (b)
   a. por qué todos son cristianos
   b. por qué quieren ejecutarlo
   c. por qué no le dejan donde está
2. Según Luis, ¿por qué ha venido el cura? (a)
   a. para prepararlo a morir
   b. para abrir las puertas de la prisión
   c. para cumplir con algún deber
3. ¿Quién ha mandado al cura? (b)
   a. Dios
   b. unos hombres
   c. un emisario

4. ¿Qué le trae el sacerdote a Luis? (c)
   a. una pena que le hace sollozar
   b. un sedante para los nervios
   c. la esperanza de vivir
5. ¿Cómo se ha obtenido la salvación? (b)
   a. Su familia la obtuvo del jefe de las armas.
   b. Su familia ha pagado al jefe del pelotón.
   c. Sus amigos no han perdido el tiempo.
6. ¿Qué debe hacer Luis mañana? (a)
   a. caer como los otros
   b. cargar los fusiles
   c. ayudar al pelotón
7. ¿Qué les ayudará en el escape? (c)
   a. el interés en la comedia
   b. la indiferencia del pelotón
   c. la oscuridad del alba
8. ¿Cómo termina la visita? (a)
   a. Luis reza y recibe la bendición.
   b. El cura le ayuda con la pronunciación.
   c. No pasa nada en absoluto.

Actividad 3

Change the following sentences according to the model.

Luis quiere que lo cambien por otro.
Luis quería que lo cambiaran por otro.

1. Luis quiere que le devuelvan la libertad.
   (Luis quería que le devolvieran la libertad.)

2. El joven teme que le quiten la vida.
   (El joven temía que le quitaran la vida.)

3. Los padres piden que el cura les ayude.
   (Los padres pidieron que el cura les ayudara.)

4. Los padres exigen que el cura vaya a consolarlo.
   (Los padres exigieron que el cura fuera a consolarlo.)

5. El sacerdote le dice que le escuche.
   (El sacerdote le dijo que le escuchara.)

6. Es necesario que Luis tenga confianza en el plan.
   (Fue necesario que Luis tuviera confianza en el plan.)

7. Luis espera que el cura le diga la verdad.
   (Luis esperaba que el cura le dijera la verdad.)

8. Los padres esperan que salga libre.
   (Los padres esperaban que saliera libre.)

9. Es necesario que Luis caiga como muerto.
   (Fue necesario que Luis cayera como muerto.)

10. El cura duda que el chico pierda la vida.
    (El cura dudaba que el chico perdiera la vida.)

11. El cura le dice que no se mueva.
    (El cura le dijo que no se moviera.)

12. Me entristece que fusilen al chico.
    (Me entristecía que fusilaran al chico.)

Actividad 4

Listen to the situation.

Hace poco fue necesario que yo solicitara atención del dentista. La recepcionista y el dentista me mandaron hacer las acciones que siguen.

Now respond to the following commands with *Me dijo que* and the imperfect subjunctive.

Entre Ud.
Me dijo que entrara.

1. Siéntese en ese cuartito.
   (Me dijo que me sentara en ese cuartito.)

2. Póngase un babero.
   (Me dijo que me pusiera un babero.)

3. Abra la boca.
   (Me dijo que abriera la boca.)

4. Ciérrela.
   (Me dijo que la cerrara.)

5. Baje la cabeza.
   (Me dijo que bajara la cabeza.)

6. Muerda el papel carbón.
   (Me dijo que mordiera el papel carbón.)

7. No se mueva.
   (Me dijo que no me moviera.)

8. Quítese el babero.
   (Me dijo que me quitara el babero.)

9. Salga por esa puerta.
   (Me dijo que saliera por esa puerta.)

10. Lleve esta receta a la farmacia.
    (Me dijo que llevara esta receta a la farmacia.)

11. Tome una cápsula cada cuatro horas.
    (Me dijo que tomara una cápsula cada cuatro horas.)

12. Llámeme mañana antes del mediodía.
    (Me dijo que le llamara mañana antes del mediodía.)

13. Vuelva la semana que viene.
    (Me dijo que volviera la semana que viene.)

14. Pague a la recepcionista.
    (Me dijo que pagara a la recepcionista.)

Actividad 5

Listen to the following situation.

Un grupo de jóvenes se queja de las restricciones impuestas por la administración del colegio, de la sociedad, y en particular, de los padres.

Now you will hear a series of commands, each followed by a question. Answer each question, using the imperfect subjunctive.

No anden en el césped.
¿Qué nos dijo el «dire»?
Nos dijo que no anduviéramos en el césped.

1. Estén en casa antes de medianoche.
   ¿Qué nos dijo papá?
   (Nos dijo que estuviéramos en casa antes de medianoche.)

2. Presten atención a las luces de tráfico.
   ¿Qué nos dijo el agente de tráfico?
   (Nos dijo que prestáramos atención a las luces de tráfico.)

3. Pidan permiso para entrar.
   ¿Qué nos dijo la secretaria?
   (Nos dijo que pidiéramos permiso para entrar.)

4. Duerman sin tomar sedantes.
   ¿Qué nos dijo el médico?
   (Nos dijo que durmiéramos sin tomar sedantes.)

5. Sigan las instrucciones indicadas.
   ¿Qué nos dijo el farmacéutico?
   (Nos dijo que siguiéramos las instrucciones indicadas.)

6. Pongan las luces direccionales.
   ¿Qué nos dijo el agente de tránsito?
   (Nos dijo que pusiéramos las luces direccionales.)

7. Vengan a clase temprano.
   ¿Qué nos dijo el profesor?
   (Nos dijo que viniéramos a clase temprano.)

8. Vayan a votar sin falta.
   ¿Qué nos dijo el candidato?
   (Nos dijo que fuéramos a votar sin falta.)

9. Den ayuda a los necesitados.
   ¿Qué nos dijo la alcaldesa?
   (Nos dijo que diéramos ayuda a los necesitados.)

10. Tengan en la mano el permiso de embarcación.
    ¿Qué nos dijo el empleado?
    (Nos dijo que tuviéramos en la mano el permiso de embarcación.)

11. No conduzcan borrachos.
    ¿Qué nos dijo Stevie Wonder?
    (Nos dijo que no condujéramos borrachos.)

Actividad 6

Change the following sentences according to the model.

Ellos lo hacen sin saberlo.
sin que yo
Ellos lo hacen sin que yo lo sepa.

1. Comerán antes de llegar a casa.
   antes que tú
   (Comerán antes que tú llegues a casa.)

2. Leeré la selección antes de salir.
   antes que ellos
   (Leeré la selección antes que ellos salgan.)

3. Miraré el programa para poder hablar de él después.
   para que Uds.
   (Miraré el programa para que Uds. puedan hablar de él después.)

4. Ayudarán con tal de hacer una contribución.
   con tal que yo
   (Ayudarán con tal que yo haga una contribución.)

5. Papá dormirá después de llegar a casa.
   después que ellos
   (Papá dormirá después que ellos lleguen a casa.)

6. Trabajarán en el jardín hasta poner las luces.
   hasta que mamá
   (Trabajarán en el jardín hasta que mamá ponga las luces.)

7. Llevarán el paraguas en caso de caer un aguacero.
   en caso de que
   (Llevarán el paraguas en caso de que caiga un aguacero.)

8. Tendré frío hasta encender el fuego.
   hasta que tú
   (Tendré frío hasta que tú enciendas el fuego.)

9. Estoy contento a pesar de llorar un poco.
   a pesar de que los chicos
   (Estoy contento a pesar de que los chicos lloren un poco.)

Actividad 7
(Text page 273)

Listen to the following pairs of sentences and combine them according to the model. (The sentences also appear on the activity sheet.)

Mis padres consiguieron bastantes provisiones. Tuvimos lo suficiente para comer.
para que
Mis padres consiguieron bastantes provisiones para que tuviéramos lo suficiente para comer.

1. Yo cerré las llaves del agua. Las tuberías no se congelaron.
   para que
   (Yo cerré las llaves del agua para que las tuberías no se congelaran.)

2. Papá puso las cadenas en las llantas. Hacía mucho frío.
   antes de que
   (Papá puso las cadenas en las llantas antes de que hiciera mucho frío.)

3. Antes de salir nos pusimos un suéter y una gorra. No nos resfriamos.
   para que
   (Antes de salir nos pusimos un suéter y una gorra para que no nos resfriáramos.)

4. Sacamos más ropa pesada de los roperos. Duró el frío más tiempo que lo ordinario.
   en caso de que
   (Sacamos más ropa pesada de los roperos en caso de que durara el frío más tiempo que lo ordinario.)

5. Hice un fuego en la chimenea. Nos reunimos y nos calentamos allí.
   para que
   (Hice un fuego en la chimenea para que nos reuniéramos y calentáramos allí.)

6. Tú pusiste las cobijas eléctricas en las camas. Dormimos cómodamente.
   para que
   (Tú pusiste las cobijas eléctricas en las camas para que durmiéramos cómodamente.)

7. Me quedé adentro. Comenzó a nevar.
   en caso de que
   (Me quedé adentro en caso de que comenzara a nevar.)

8. Mi hermana preparó café y chocolate caliente. Bebimos algo caliente.
   para que
   (Mi hermana preparó café y chocolate caliente para que bebiéramos algo caliente.)

9. Prometí sacar las cenizas. Me pagaron.
   sin que
   (Prometí sacar las cenizas sin que me pagaran.)

10. Todos escuchábamos las noticias meteorológicas. Pronosticaron un cambio repentino.
    en caso de que
    (Todos escuchábamos las noticias meteorológicas en caso de que pronosticaran un cambio repentino.)

Actividad 8

Listen to the following narrative.

Para los rebeldes, los conceptos de tierra y libertad no eran muy claros, pero instintivamente sabían con toda precisión lo que querían. Y lo que querían era que ya no les oprimieran, que no les humillaran ni maltrataran más. Estaban muy lejos de desear que los dejaran participar en los grandes bienes culturales de la civilización moderna, tal como lo pide en sus programas el proletariado industrial de los pueblos avanzados. Ni siquiera hubieran entendido este deseo, aunque durante días y semanas se los hubieran explicado. No sabían nada de democracia, ni de socialismo y organización sindical. Y si acaso alguien les hubiera dicho que pidieran una silla en el parlamento o en el congreso, lo habrían tomado por un tramposo interesado en confundirlos, y sin duda le habrían contestado:
—¿Qué parlamento ni qué congreso? Que nos dejen en paz, simplemente; esto es lo que queremos, y Uds., mentirosos sinvergüenzas, lárguense.

Actividad 9

Listen to the narrative again. After the narrative you will hear several questions. Each will be followed by three possible answers. Circle the letter of the correct answer on your activity sheet.

1. ¿Qué querían los rebeldes? (c)
   a. aclarar los conceptos de tierra y libertad
   b. saber todo con más precisión
   c. poner fin a las injusticias

2. ¿Qué solicitaban en su deseo de libertad? (b)
   a. ser parte de los programas culturales
   b. poder vivir cómo deseaban
   c. comprender la civilización moderna

3. ¿Qué preparación les faltaba? (a)
   a. una educación adecuada para sus necesidades
   b. mucho tiempo para explicárselo
   c. experiencia en la política

4. ¿Cómo consideraban la idea de pedir una silla parlamentaria? (a)
    a. una broma
    b. un honor distinguido
    c. experiencia en la política
5. ¿Qué entiende el lector de la ignorancia de los rebeldes? (a)
    a. No sabían nada de la estructura de su gobierno.
    b. Todos eran tramposos.
    c. Querían irse a otro lugar en paz.

Segunda parte

Actividad 1

Listen to the following dialogue.

Mejor que perros

Juan: De repente una voz melodiosa vibró a mi lado y callé sorprendido de escuchar otra que no fuera la mía. El más joven de los prisioneros, aquel que había aceptado la botella con mano temblorosa, ocultando los ojos tras los párpados cerrados, meditaba:

Joven: —Es curiosa la vida . . . Como tú, yo también tuve sueños de niño. Y como tú . . . ¡qué coincidencia! . . . soñé con las mismas cosas de que has hablado. ¿Por qué será así la vida?

* * *

—Me sentí como tú, peor que perro . . . Acosado por todas partes. Comiendo mendrugos y bebiendo el agua negra de los caminos.

* * *

—Ahora seré algo peor. Seré un perro muerto con las tripas al sol y a las aguas, devorado por los coyotes.

Juan: —¡Calla!

* * *

¿Por qué peleas tú?

Joven: —No te lo podría explicar . . . Pero es algo que sube a mi corazón y me ahoga a toda hora. Un intenso deseo de vivir entre hombres cuya vida no sea peor que la vida de los perros.

Juan: —¿Quieres que busquemos nuestro sueño juntos?

* * *

Y en el silencio de la noche, mis nuevos compañeros y yo nos arrastramos silenciosamente de allí en busca de un mundo en que los hombres, como en nuestros sueños de niños, vivieran una vida mejor que la vida de los perros.

Actividad 2

Listen to the dialogue again. After the dialogue you will hear several statements. Some of them are true; some of them are false. Circle the corresponding letter on your activity sheet.

1. De repente el más joven sentado a mi lado se puso a hablar. (V)
2. Él cree que la vida lleva sorpresas y coincidencias. (V)
3. Resulta que los dos tuvieron los mismos sueños. (V)
4. Me gustó sentarme al lado de los perros. (F)
5. Muchos lo persiguieron dondequiera que fue. (V)
6. Aunque él comió bien, sólo bebió el agua negra. (F)
7. Le entristece reconocer que los coyotes van a matar los perros. (F)

8. Fue difícil explicar por qué quería vivir. (V)
9. Sintió un deseo extraordinario de gozar una vida buena, sana y alegre. (V)
10. Se dieron la mano y se fueron al bosque. (F)

Actividad 3
(Text page 270)

Listen to the following situation.

En la selección «Mejor que perros» los protagonistas se dieron cuenta de que tenían algo en común que querían conservar. Por eso, era importante que buscaran otra vida.

Now do as the student does in the following model. (The sentences also appear on the activity sheet.)

Hacía mucho frío. A nadie le gustó.
¿Qué no le gustó a nadie?
A nadie le gustó que hiciera mucho frío.

1. Tuvimos que pernoctar sobre el elevado picacho. Fue desagradable.
   ¿Qué fue desagradable?
   (Fue desagradable que tuviéramos que pernoctar sobre el elevado picacho.)

2. No nos dieron nada de comer. Fue una lástima.
   ¿Qué fue una lástima?
   (Fue una lástima que no nos dieran nada de comer.)

3. Me senté junto a ellos. Fue necesario.
   ¿Qué fue necesario?
   (Fue necesario que me sentara junto a ellos.)

4. El subalterno contó cuántos presos había allí. El coronel le ordenó.
   ¿Qué le ordenó el coronel?
   (El coronel le ordenó que contara cuántos presos había allí.)

5. Yo les ofrecí tabaco. Fue importante.
   ¿Qué fue importante?
   (Fue importante que yo les ofreciera tabaco.)

6. Ellos me hicieron caso. Fue difícil.
   ¿Qué fue difícil?
   (Fue difícil que ellos me hicieran caso.)

7. Hablé con ellos en tono serio. Fue necesario.
   ¿Qué fue necesario?
   (Fue necesario que hablara con ellos en tono serio.)

8. Comenzaron a hablar conmigo. Me sorprendió.
   ¿Qué te sorprendió?
   (Me sorprendió que comenzaran a hablar conmigo.)

9. Ellos creían que era peligroso confiar en mí. Era probable.
   ¿Qué era probable?
   (Era probable que ellos creyeran que era peligroso confiar en mí.)

10. Nos dimos cuenta de que compartíamos los mismos deseos. Era inevitable.
    ¿Qué era inevitable?
    (Era inevitable que nos diéramos cuenta de que compartíamos los mismos deseos.)

11. Huimos de allí silenciosamente. Fue urgente.
    ¿Qué fue urgente?
    (Fue urgente que huyéramos de allí silenciosamente.)

12. Salimos en busca de una vida mejor. Fue necesario.
    ¿Qué fue necesario?
    (Fue necesario que saliéramos en busca de una vida mejor.)

Actividad 4

Do as the student does in the following model. (The sentences also appear on the activity sheet.)

Mis primos no tenían una casa con cuatro habitaciones.
¿Qué querían?
Querían una casa que tuviera cuatro habitaciones.

1. La casa de mis primos no estaba cerca de buenas escuelas.
   ¿Qué querían?
   (Querían una casa que estuviera cerca de buenas escuelas.)

2. Esa casa no costó más de $100.000.
   ¿Qué querían?
   (Querían una casa que no costara más de $100.000.)

3. El coche de los Sres. Sáenz no rendía bien en la carretera.
   ¿Qué buscaban?
   (Buscaban un coche que rindiera bien en la carretera.)

4. Su coche requería un exceso de mantenimiento.
   ¿Qué buscaban?
   (Buscaban un coche que no requiriera un exceso de mantenimiento.)

5. Su coche no vino con frenos de aire.
   ¿Qué buscaban?
   (Buscaban un coche que viniera con frenos de aire.)

6. Su coche no tenía asientos para seis personas.
   ¿Qué buscaban?
   (Buscaban un coche que tuviera asientos para seis personas.)

7. En nuestra oficina había una persona que sabía usar los ordenadores.
   Y, ¿necesitaban otra?
   (Necesitaban otra persona que supiera usar los ordenadores.)

8. Había una persona que tenía experiencia en contabilidad.
   Y, ¿necesitaban otra?
   (Necesitaban otra persona que tuviera experiencia en contabilidad.)

9. Había una persona que hablaba español y un poco de francés.
   Y, ¿necesitaban otra?
   (Necesitaban otra persona que hablara español y un poco de francés.)

10. Encontré un libro que podía llevar a casa.
    ¿Qué buscaste?
    (Busqué un libro que pudiera llevar a casa.)

Actividad 5
(Text page 276)

Listen to the following sentences which describe a person. Change each sentence to express the idea that no matter how that person may seem, he does not change.

Es muy guapo pero no es egoísta.
Por guapo que sea, no es egoísta.

1. Es popular con las chicas, pero los chicos no le tienen celos.
   (Por popular que sea con las chicas, los chicos no le tienen celos.)

2. Es muy bajo, pero juega bien al baloncesto.
   (Por bajo que sea, juega bien al baloncesto.)

3. Se enoja mucho, pero siempre se controla bien.
   (Por mucho que se enoje, siempre se controla bien.)

4. Tiene mucho dinero, pero no lo ostenta.
   (Por mucho dinero que tenga, no lo ostenta.)

5. Su coche corre rápido, pero otros le pasan.
   (Por rápido que corra su coche, otros le pasan.)

6. Estudia mucho, pero contesta mal.
   (Por mucho que estudie, contesta mal.)

7. Sabe mucho de ese tema, pero no saca buenas notas.
   (Por mucho que sepa de ese tema, no saca buenas notas.)

8. Conoce a gente importante, pero no pide favores.
   (Por mucha gente importante que conozca, no pide favores.)

9. Mi regalo cuesta poco, pero le gusta más.
   (Por poco que cueste mi regalo, le gusta más.)

10. Tiene mucha aptitud para matemáticas, pero prefiere estudiar idiomas.
    (Por mucha aptitud que tenga para matemáticas, prefiere estudiar idiomas.)

Actividad 6

Listen to the following narrative.

Mayo 12, 1919—Lanzan los maestros de escuelas metropolitanas un manifiesto expresando que últimamente la educación pública en el Distrito Federal—igual podrían decir de los Estados durante el régimen carrancista—, ha permanecido en un abandono absoluto. Se clausuran escuelas y se disminuye limitadamente el personal; los profesores están sujetos a constantes reducciones de sueldos aparte de adeudárseles grandes sumas; les pagan sus sueldos con exasperante irregularidad, al grado de producir hambre durante el desempeño de su misión y ser objeto del desdén de la sociedad. Deciden suspender sus labores hasta que la Revolución cumpla con el deber primordial de dar instrucción al pueblo.

Actividad 7

Listen to the narrative again. After the narrative you will hear several statements. Some of them are true; some of them are false. Circle the corresponding letter on your activity sheet.

1. El periódico anuncia una protesta iniciada por los maestros. (V)
2. Declaran que el Estado ignora sus obligaciones hacia el Presidente Carranza. (F)
3. El gobierno ha cerrado muchas escuelas y limitado el personal. (V)
4. Los profesores han aceptado de buena gana varias reducciones de sueldos. (F)
5. No saben cuándo van a recibir los sueldos. (V)
6. Protestan el desorden de la sociedad con cerrar las escuelas. (V)
7. Una promesa de la Revolución fue educar a todos. (V)

Listen and enjoy the *corrido*.

La persecución de Villa

Patria México, febrero 23
Dejó Carranza pasar americanos,
Dos mil soldados, doscientos aeroplanos
buscando a Villa, queriéndolo matar.
Después Carranza les dijo, afanoso,
—Si son valientes y lo quieren
combatir, concedido. Yo les doy
el permiso, para que así se enseñen a morir.
Comenzaron a echar expediciones.
Los aeroplanos comenzaron a volar,
por distintas y varias direcciones,
buscando a Villa, queriéndolo matar.
Los soldados que vinieron desde Texas
a Pancho Villa no podían encontrar.
Muy fastidiados de ocho horas de camino
los pobrecitos se querían regresar.
Los de a caballo ya no se podían sentar,
y los de a pie pos no podían caminar.
Entonces Villa les pasa en su aeroplano
y desde arriba les grita:
¡Gud bay!
Cuando supieron que Villa ya era muerto,
todos gritaban henchidos de furor:
—Hora, sí, queridos compañeros,
¡Vamos a Texas, cubiertos con honor!

Mas no sabían que Villa estaba vivo,
y que con él nunca iban a poder.

Si querían hacerle una visita, hasta la
sierra lo podían ir a ver.
Comenzaron a lanzar sus aeroplanos.
Entonces Villa un buen plan les estudió:
Se vistió de soldado americano, y a sus
tropas también las transformó.
Mas cuando vieron los gringos las banderas
con muchas barras que Villa les pintó,
se bajaron con todo y aeroplanos,
y Pancho Villa prisioneros los tomó.

Toda la gente de Chihuahua y Ciudad Juárez
muy asombrada y asustada se quedó,
sólo de ver tanto gringo y carrancista
que Pancho Villa sin orejas los dejó.
¿Qué pensarán los bolillos tan patones
que con cañones nos iban a asustar?
—¡Jo, Ja-a-a! Si ellos tienen aviones
de a montones, ¡aquí tenemos lo mero
principal!
Todos los gringos pensaban en su alteza
que combatir era un baile de jarguís,
y con su cara llena de vergüenza
se regresaron en bolón pa' su país.

—¿Qué pensarían (ay) los americanos,
que combatir era un baile de jarguís?
Con su cara llena de vergüenza
se regresaron todos a su país.

CUADRO 8 / EL ÚLTIMO VIAJE

Primera parte

Actividad 1
(Text pages 289–290)

Listen to the following narrative.

La lechuza

La vieja contó a su vez una historia espantosa.

Una prima suya, hermosa como un astro, se comprometió con un vecino de la aldea. Era carretero muy pobre, muy honrado y muy temeroso de Dios. Pero la moza no lo quería, por ser contrahecho. En la noche del compromiso, la mujer del rabino . . . una santa mujer . . . vio un cuervo.

El novio vendió un caballo y con el dinero compró un misal, que regaló a la novia. Dos días antes del casamiento se anuló el compromiso y la moza se casó al año siguiente con un hombre muy rico del lugar.

El recuerdo del suceso causó honda impresión en el ánimo de doña Eva. Su cara se alargó en la sombra y, en voz baja, contó el milagroso acontecimiento. Se casó la muchacha, y uno a uno fueron muriendo sus hijos. ¿Y el primer novio? El buen hombre había muerto. Entonces el rabino de la ciudad, consultado por la familia, intervino. Examinó los textos sagrados y halló en las viejas tradiciones un caso parecido.

Aconsejó a la mujer que devolviera al difunto su lujoso misal. Así recobraría la tranquilidad y la dicha.

—Llévalo—le dijo—bajo el brazo derecho, mañana, a la noche, y devuélveselo.

Nada respondió la afligida. Al otro día, al salir la luna, misal bajo el brazo, salió. Una lluvia lenta le golpeaba el rostro, y sus pies, débiles por el miedo, apenas se podían avanzar sobre la dura nieve. En los suburbios ya, muerta de fatiga, se guareció junto a una pared; pensaba en los hijos muertos y en el primer novio, cuyo recuerdo había desaparecido de su memoria durante tanto tiempo. Lentamente hojeaba el misal, de iniciales frondosas y rosas, de estilo arcaico, que le gustaba contemplar en las fiestas de la sinagoga, mientras recitaba en coro las oraciones.

De pronto sus ojos se oscurecieron, y al recobrarse vio en su presencia al carretero, con su cara resignada y su cuerpo deforme . . .

—Es tuyo este misal y te lo devuelvo—le dijo.

El fantasma, que tenía tierra en los ojos, extendió una mano de hueso y recibió el libro. Entonces la mujer, recordando el consejo del rabino, añadió:

—Que la paz sea contigo, y ruega por mí; yo pediré a Dios por tu salvación.

Actividad 2

Listen to the narrative again. After the narrative you will hear several statements. Some of them are true; some of them are false. Circle the corresponding letter on your activity sheet.

1. El relato de la anciana causó miedo. (V)
2. Aunque el comprometido era malformado, era buen hombre. (V)
3. Cuando los dos jóvenes se comprometieron, la mujer del rabino vio un cuervo. (V)
4. El novio le regaló un caballo a la novia. (F)
5. La novia anuló el compromiso y se casó en seguida con otro. (F)
6. Los hijos de esa mujer murieron uno por uno. (V)
7. Siguiendo los consejos del rabino, la mujer examinó los textos sagrados. (F)
8. En una noche fría y lluviosa, ella llevó el misal bajo el brazo derecho y comenzó a pensar en el primer novio. (V)

9. Cuando el fantasma apareció, ella se asustó y se fue de allí. (F)
10. La mujer le devolvió el misal y le dio una bendición. (V)

Actividad 3
(Text page 307)

Listen to the situation.

Perla y la vieja tratan de acordarse de lo que dijo Moisés.

Now form sentences beginning with *Dijo que no*, using the cue provided.

ir a Rosario / misiones
Dijo que no iría a Rosario sino a Misiones.

1. regresar esta noche / mañana por la mañana
   (Dijo que no regresaría esta noche sino mañana por la mañana.)

2. llevar un revólver / una escopeta
   (Dijo que no llevaría un revólver sino una escopeta.)

3. hablar con Benjamín / con Abraham Arnstein
   (Dijo que no hablaría con Benjamín sino con Abraham Arnstein.)

4. comprar otro caballo / un regalo para Perla
   (Dijo que no compraría otro caballo sino un regalo para Perla.)

5. tener miedo / la certeza de evitar contratiempos
   (Dijo que no tendría miedo sino la certeza de evitar contratiempos.)

6. arreglar la fecha de la fiesta / la reunión con el rabino
   (Dijo que no arreglaría la fecha de la fiesta sino la reunión con el rabino.)

7. poner flores en la sinagoga / en la tumba de su padre
   (Dijo que no pondría flores en la sinagoga sino en la tumba de su padre.)

Actividad 4
(Text page 307)

You will hear some questions about the visit of La Tuna, a musical group from Spain. Answer each question negatively, using the cue provided.

¿Quiénes son esos chicos? ¿Son italianos? españoles
No son italianos sino españoles

1. ¿Por qué se visten así? ¿Son toreros? / miembros de La Tuna
   (No son toreros sino miembros de la Tuna.)

2. ¿Por qué vienen aquí? ¿Para trabajar? / para entretenernos
   (No vienen para trabajar sino para entretenernos.)

3. ¿Son actores del cine español? / cantantes
   (No son actores del cine español sino cantantes.)

4. ¿Qué hacen aquí en la asamblea? ¿Van a bailar? / cantar y tocar sus instrumentos
   (No van a bailar sino a cantar y tocar sus instrumentos.)

5. ¿Juegan al fútbol americano? / al fútbol *soccer*
   (No juegan al fútbol americano sino al fútbol *soccer*.)

6. ¿Cuál es su plato favorito? ¿La pasta? / la paella
   (Su plato favorito no es la pasta sino la paella.)

7. ¿Cómo se llama la capital de España? ¿Barcelona? / Madrid
   (La capital de España no se llama Barcelona sino Madrid.)

8. ¿Cómo son los españoles? ¿Callados y morosos? / comunicativos y alegres
(No son callados y morosos sino comunicativos y alegres.)

9. ¿Es España un país atrasado? / moderno y adelantado
(No es un país atrasado sino moderno y adelantado.)

10. ¿No te gustaría ir allí en el futuro? / lo más pronto posible
(No me gustaría ir allí en el futuro sino lo más pronto posible.)

Actividad 5

Listen to the situation.

Mi hermanito hizo cosas malas con el bolso de mi hermana.

You will hear a series of questions. Answer according to the model, substituting pronouns for the direct object nouns.

¿Sacó el bolso del ropero?
Sí, lo sacó del ropero.

1. ¿Llevó las llaves a su habitación?
(Sí, las llevó a su habitación.)

2. ¿Metió la cartera en su bolsillo?
(Sí, la metió en su bolsillo.)

3. ¿Rompió sus trabajos?
(Sí, los rompió.)

4. ¿Usó la calculadora en clase?
(Sí, la usó en clase.)

5. ¿Tiró las fotos en la basura?
(Sí, las tiró en la basura.)

Otra situación. Unos vándalos entraron en el garaje e hicieron mucho daño al coche del Sr. Castillo.

6. ¿Cortaron las llantas con una navaja?
(Sí, las cortaron con una navaja.)

7. ¿Rompieron los vidrios completamente?
(Sí, los rompieron completamente.)

8. ¿Derramaron la gasolina en el piso?
(Sí, la derramaron en el piso.)

9. ¿Destrozaron el interior del coche?
(Sí, lo destrozaron.)

10. ¿Se llevaron el radio?
(Sí, se lo llevaron.)

Actividad 6

Change the following sentences according to the model.

Adela pasó la noticia a nosotros. (Nos pasó la noticia.)
Adela nos la pasó.

1. La señora presentó la recién llegada a ti. (Te presentó la recién llegada.)
2. El padre gritó fuerte al niño. (Le gritó fuerte.)
3. Melodía sonrió al otro negrito. (Le sonrió.)
4. El negrito del agua hizo así con la manita a Melodía. (Le hizo así con la manita.)
5. La mala suerte impidió el progreso a Uds. (Les impidió el progreso.)
6. Los pasajeros miraron desde la guagua a nosotros. (Nos miraron desde la guagua.)
7. El patrón dio empleo a los obreros necesitados. (Les dio empleo.)
8. Un amigo prestó el carretón al padre. (Le prestó el carretón.)
9. El obrero pagó demasiado al dependiente. (Le pagó demasiado.)
10. El padre llevó la leche al niño. (Le llevó la leche.)

Actividad 7

Respond to the following statements according to the model.

Mamá vio un abrigo de visón.
Papá se lo dio.

1. Me gustó un Doberman pinscher. (Papá me lo dio.)
2. Admiraste un perfume de Dior. (Papá te lo dio.)
3. Me llamaron la atención unos pendientes de perlas. (Papá me los dio.)
4. Nos interesaron unos collares de oro. (Papá nos los dio.)
5. A los chicos les gustó una moto marca Yamaha. (Papá se la dio.)
6. Saliste a ver una cámara Pentax. (Papá te la dio.)
7. Martín mencionó un reloj Rolex. (Papá se lo dio.)
8. Las tías hablaron de unos vestidos elegantes. (Papá se los dio.)
9. Mamá no ganó los aparatos eléctricos. (Papá se los dio.)
10. No tuvimos entradas para el concierto. (Papá nos las dio.)
11. Viste un coche deportivo Porsche. (Papá te lo dio.)
12. Mencioné el viaje al Perú. (Papá me lo dio.)

Actividad 8

Listen to the following narrative that describes some unusual customs observed in Ecuador on *el día de los muertos.*

En Quito no todos celebran el dos de noviembre de la misma manera. Nosotros los católicos pasamos el día recordando la memoria de nuestros muertos, orando y adornando sus tumbas con las flores del recuerdo, que el es crisantemo, y en actitud pensativa.

Los indios salacas celebran alegremente el día de fiesta. Para ellos es un día de júbilo porque se reúnen con sus difuntos, comen con ellos, conversan con ellos y hacen vida común, con una serie de ceremonias que son preparadas con mucha atención unos días antes.

Esos indios se acercan a las tumbas de sus parientes, les llaman, les ofrecen comida, vino y saludos en su nombre. Luego de la ofrenda, beben y bailan durante dos o tres días con honda satisfacción.

Unos días antes se prepara un pan inflado que tiene adentro un espacio vacío. Lo preparan en diferentes formas, como soldaditos, pájaros, y muchas otras formas.

El día de los muertos los indios se visten de sus mejores ponchos y vestidos bordados, y en tropel bajan temprano para ocupar su sitio en el cementerio. Allí al comienzo guardan un solemne silencio. Después, poco a poco comienzan a hablar de la memoria de los fallecidos suyos. De vez en cuando el jefe del grupo toma un pan y lo parte. Si la parte hueca es considerable, el jefe anuncia: «El difunto está comiendo ya».

Hacen un hueco en la tierra y en él vacían el vino que lentamente desaparece absorbido por la tierra. Los indios creen en la espantosa sed del difunto porque hace un año que no bebe. Durante muchas horas repiten las ofrendas de comida y vino hasta que la tierra no absorbe más. Entonces el jefe anuncia: «Los difuntos han comido y bebido a su gusto. Dios sea bendito».

Inmediatamente recogen el pan y las sobras del vino. Besan con mucha ceremonia la tierra de la tumba, se van para un lugar determinado, donde continúan la fiesta devorando el pan y otros alimentos y consumiendo mucho vino, quedándose muchos escandalosamente borrachos, y a veces, espantando a los ciudadanos del lugar.

A pesar de sufrir dolores de cabeza u otros males, se quedan satisfechos por haberse comunicado con los fallecidos. Indudablemente muchos comienzan a pensar en la fiesta del año que sigue.

Actividad 9

Listen to the narrative again. After the narrative you will hear several questions. Each is followed by three possible answers. On your activity sheet circle the letter of the correct answer.

1. ¿Por qué es importante el dos de noviembre? (b)
    a. Se acuerda de los católicos.
    b. Se dedican unas horas a pensar en los familiares que ya no viven.
    c. Es cuando todos arreglan los cementerios.

2. ¿Qué flor llevan a adornar las tumbas? (c)
    a. los pensamientos
    b. No hay ninguna en particular.
    c. los crisantemos

3. ¿En qué sentido es diferente la observación de los salacas? (a)
    a. La celebran alegremente en fiesta.
    b. Pasan el día callados y pensativos.
    c. La observan como los demás.

4. ¿Qué hacen delante de las tumbas de sus parientes? (a)
    a. Llaman a los difuntos a reunirse con ellos.
    b. No molestan a los demás.
    c. Prestan atención a los congregados allí.

5. ¿Qué preparan con anticipación? (b)
    a. Los soldados son llamados.
    b. un pan inflado con el interior vacío
    c. Buscan pájaros que sueltan el día primero.

6. ¿Cuándo llegan los indios al cementerio? (b)
    a. usando sus mejores ponchos y vestidos
    b. muy temprano por la mañana
    c. cuando encuentran su sitio

7. ¿Qué es lo que hacen primero? (c)
    a. Cantan y beben.
    b. Cantan y bailan.
    c. Guardan silencio.

8. Mientras hablan de la memoria de los fallecidos, ¿qué hace el jefe? (c)
    a. Abre las tumbas.
    b. Come uno de los panes.
    c. Selecciona un pan y lo parte.

9. Si el interior del pan tiene un hueco grande, ¿qué dice el jefe? (a)
    a. El muerto lo está comiendo.
    b. El precio era inflado.
    c. El pan está mal preparado.

10. ¿Cómo se ofrecen el pan y el vino a los muertos? (b)
    a. Los espectadores lo comen.
    b. Los ponen en una excavación en la tierra seca.
    c. Repiten las oraciones preparadas.

11. Cuando creen que los muertos están saciados, ¿qué hacen los indios? (b)
    a. Cierran las tumbas.
    b. Siguen celebrando en otro sitio.
    c. Regresan tristemente a sus casas.

Segunda parte

Actividad 1
(Text pages 297–300)

Listen to the following narrative.

En el fondo del caño hay un negrito

La primera vez que el negrito Melodía vio al otro negrito en el fondo del caño, fue temprano en la mañana del tercer o cuarto día después de la mudanza, cuando llegó gateando hasta la única puerta de la nueva vivienda y se asomó para mirar hacia la quieta superficie del agua allí abajo.

Entonces el padre, que acababa de despertar sobre el montón de sacos vacíos extendidos en el piso junto a la mujer semidesnuda que aún dormía, le gritó:

—Mire . . . , ¡eche p'adentro! ¡Diantre'e muchacho desinquieto!

Y Melodía, que no había aprendido a entender las palabras, pero sí a obedecer los gritos, gateó otra vez hacia adentro y se quedó silencioso en un rincón, chupándose un dedito porque tenía hambre.

* * *

La segunda vez que el negrito Melodía vio al otro negrito en el fondo del caño fue poco después del mediodía, cuando volvió a gatear hasta la puerta y se asomó y miró hacia abajo. Esta vez el negrito en el fondo del caño le regaló una sonrisa a Melodía. Melodía había sonreído primero y tomó la sonrisa del otro negrito como una respuesta a la suya. Entonces hizo así con la manita, y desde el fondo del caño el otro negrito también hizo así con su manita. Melodía no pudo reprimir la risa, y le pareció que también desde allá abajo llegaba el sonido de otra risa. La madre lo llamó entonces porque el segundo guarapillo de hojas de guanábana ya estaba listo.

* * *

La tercera vez que el negrito Melodía vio al otro negrito en el fondo del caño fue al atardecer, poco antes de que el padre regresara. Esta vez Melodía venía sonriendo antes de asomarse, y le asombró que el otro también se estuviera sonriendo allá abajo. Volvió a hacer así con la manita y el otro volvió a contestar. Entonces Melodía sintió un súbito entusiasmo y un amor indecible hacia el otro negrito. Y se fue a buscarlo.

Actividad 2

Listen to the narrative again. After the narrative you will hear several statements. Some of them are true; some of them are false. Circle the corresponding letter on your activity sheet.

1. La primera vez que Melodía vio al otro negrito en el fondo del caño fue el día de la mudanza. (F)
2. El niño ya tenía la edad y fuerzas para caminar. (F)
3. Esa mañana el niño llegó a la puerta y miró afuera. (V)
4. La vivienda tenía muebles cómodos. (F)
5. El niño obedeció al hombre porque le temía. (V)
6. La segunda vez que Melodía vio al otro negrito le sonrió. (V)
7. También le saludó con un movimiento de la manita. (V)
8. Entró de nuevo en la casa porque la madre le había preparado una comida completa. (F)
9. La última vez que el niño vio al otro negrito fue al final del día. (V)

Actividad 3

Listen to the following questions and statements. Complete the answers in the blanks provided on your activity sheet.

1. ¿Para quién es este regalo? Lleva mi nombre.
   (¡Es para mí! ¡Fenomenal!)

2. ¿Para quién es esta sorpresa? Lleva nuestro nombre. (¡Es para nosotros! ¡Qué emocionante!)

3. ¿Para quién es este paquete? Lleva tu nombre. (¡Es para ti! ¡Estupendo!)

4. ¿Para quién es este perfume? Lleva el nombre de tu hermana. (¡Es para ella! ¡Qué bien huele!)

5. ¿Para quiénes son estos chocolates? Llevan el nombre de los chicos. (¡Son para ellos! ¡Deliciosos!)

6. ¿Para quién es esta pelota? Lleva el nombre de tu hermanito. (¡Es para él! ¡Maravilloso!)

7. Señora, ¿para quién son estas flores? Llevan su nombre. (¡Son para Ud.! ¡Enhorabuena!)

8. Señor, ¿para quiénes son estos boletos de avión? Llevan los nombres de Uds.

   (¡Son para Uds.! ¡Buen viaje!)

9. Por último, ¿para quién es este reloj? Lleva mi nombre. (¡Es para mí! ¡Fenomenal!)

Actividad 4

Do as the student does in the following model.

olvidarme la llave
Se me olvidó la llave.

1. olvidarme la fecha
   (se me olvidó la fecha.)

2. ocurrirnos una buena idea
   (Se nos ocurrió una buena idea.)

3. quebrarte las gafas
   (Se te quebraron las gafas.)

4. perderles las llaves
   (Se les perdieron las llaves.)

5. occurrirte salir en seguida
   (Se te ocurrió salir en seguida.)

6. olvidarles la cita con el dentista
   (Se les olvidó la cita con el dentista.)

7. romperle el brazo ayer
   (Se le rompió el brazo ayer.)

8. acabarme la gasolina
   (Se me acabó la gasolina.)

9. olvidarnos las referencias necesarias
   (Se nos olvidaron las referencias necesarias.)

Actividad 5

You will hear a series of statements. Change each statement using the cue provided.

Él fue arrestado.
Nadie creía
Nadie creía que él hubiera sido arrestado.

1. La policía lo llevó a la cárcel.
   No fue posible (No fue posible que la policía lo hubiera llevado a la cárcel.)

2. Tocaron la música muy fuerte.
   Dudaba (Dudaba que hubieron tocado la música muy fuerte.)

3. Todos en la fiesta estaban tomados.
   Dudábamos (Dudábamos que todos en la fiesta hubieron estado tomados.)

4. Una chica se portó mal.
   No fue cierto (No fue cierto que una chica se hubiera portado mal.)

5. Los padres sirvieron vino.
   No creíamos (No creíamos que los padres hubieran servido vino.)

6. No tuvieron nada que comer.
   No fue verdad (No fue verdad que no hubieran tenido nada que comer.)

7. Pusieron algo en el ponche.
   No fue verdad (No fue verdad que hubieran puesto algo en el ponche.)

8. Los padres eran irresponsables.
   Mis padres dudaron (Mis padres dudaron que los padres hubieran sido irresponsables.)

9. No recibimos una invitación a la fiesta.
   No fue cierto (No fue cierto que no hubiéramos recibido una invitación a la fiesta.)

10. Ventura no asistió a la fiesta.
    No fue verdad (No fue verdad que no hubiera asistido a la fiesta.)

Actividad 6

Listen to the following narrative about the death of a young woman named Tránsito.

Llegó el médico quien examinó la herida y la declaró mortal por no ser posible la extracción del proyectil y prescribió lo que había que hacer.

En seguida fue llamado el señor cura. Me acerqué a Tránsito con el cura y le dije:

—Aquí está el señor cura.

—Hija mía—le dijo el cura—, hija mía, es necesario pensar en Dios.

—No puedo confesarme—gimió la herida.

—Tránsito, amiga mía—le dije cayendo de rodillas—, naciste cristiana. Dios te llama a gozar de su gloria. Has sido muy desgraciada. Va a empezar la vida eterna para ti . . . Confiésate, —pero no quería hacerme caso.

Intenté el último esfuerzo y le dije:

—Dime, ¿no me contaste que cuando recibías la comunión en tu niñez, te ponías bonita . . . ? ¿Quieres privarme del gusto de que te vea transformada en ángel?

—Me confesaré. Que entre el señor cura.

A las siete de la noche volvió el cura y rezó las oraciones de los agonizantes. Encomendó el alma de aquella infeliz a Dios, y cuando salió, ya había exhalado el último suspiro.

—Ya acabó—me dijo el cura—, pero está en el Cielo. Mañana temprano la enterraremos . . . Yo le enviaré la mortaja porque así se lo prometí.

Todos los presentes nos arrodillamos, y empezó la señora dueña de la casa el rosario. Al terminar éste, entró el sacristán con la mortaja que el cura había ofrecido. Era un vestido blanco de novia.

Entregué a la madre el vestido y salí al patio. Al cabo de una hora volví a pasar la noche velando el cadáver.

A la mañana siguiente se celebró el Oficio de Difuntos. De la misa el cura, precedido de la cruz y de los ciriales, acompañó el cadáver al cementerio con diez o doce personas que formaban el fúnebre cortejo.

Cuando llegamos, el cura rezó el salmo «De Profundis» y el ataúd fue puesto en la fosa abierta. Clavamos allí una tosca cruz de madera con su nombre.

Actividad 7

Listen to the narrative again. After the narrative you will hear several questions. Each question is followed by three possible answers. On your answer sheet circle the letter of the correct answer.

1. ¿Qué examinó el médico? (b)
   a. el proyectil
   b. la herida
   c. la extracción
2. ¿A quién llamaron inmediatamente? (a)
   a. al cura de la parroquia
   b. al Departamento de Tránsito
   c. al que relata la narración
3. ¿Qué quería hacer el cura? (c)
   a. pensar en Dios
   b. caer de rodillas
   c. oír la confesión de la herida
4. ¿Qué debe hacer Tránsito? (b)
   a. nacer cristiana
   b. confesarse
   c. empezar la vida eterna
5. ¿Qué le ofrece la confesión? (a)
   a. morir en paz con Dios
   b. ponerle un vestido bonito
   c. Verá un ángel.
6. Después de las oraciones,
   ¿qué le dijo el cura al narrador? (c)
   a. que él iba al Cielo
   b. que no podía respirar
   c. que la chica había muerto
7. ¿Cuándo será el entierro? (a)
   a. mañana temprano
   b. cuando envíe la mortaja
   c. No se sabe todavía.
8. ¿Qué hizo el sacristán? (c)
   a. Hizo los preparativos para el entierro
   b. Rezó el rosario con los demás.
   c. Trajo el vestido para el entierro.
9. ¿Cómo pasó el narrador esa noche? (c)
   a. Celebró la boda.
   b. Salió a comprar velas.
   c. Se quedó con el cuerpo.
10. ¿Cuántos asistieron al entierro? (c)
   a. mucha gente
   b. sólo el cura y el narrador
   c. diez o doce personas

Actividad 8
(Text pages 303–304)

Listen to the following poems.

«Fuego infantil» de Luis Palés Matos

La abuela de los ojos apagados
nos narraba en las noches de velada
lances de caballeros embriagados
de romance, de novias y de espada.

Y cuentos de palacios encantados
por la varilla mágica de un hada . . .
diabólicos, de monstruos espantados,
divinos, de princesa sonrosada.

Y una noche de rayos y de truenos,
su hueca voz llena de ritmos buenos,
en lenta gradación se iba extinguiendo.

El perro aulló. —¡Tan!—dijo la campana,
una ráfaga entró por la ventana
y la abuelita se quedó durmiendo.

«¿Soy yo quien anda?» de Juan Ramón Jiménez

¿Soy yo quien anda, esta noche,
por mi cuarto, o el mendigo
que rondaba mi jardín,
al caer la tarde? . . .
        Miro
en torno y hallo que todo
es lo mismo y no es lo mismo . . .
¿La ventana estaba abierta?
¿Yo no me había dormido?
¿El jardín no estaba verde
de luna? . . . . . . El cielo era limpio
y azul . . . Y hay nubes y viento
y el jardín está sombrío . . .
Creo que mi barba era
negra . . . Yo estaba vestido
de gris . . . Y mi barba es blanca
y estoy enlutado . . . ¿Es mío
este andar? ¿Tiene esta voz
que ahora suena en mí, los ritmos
de la voz que yo tenía?
¿Soy yo, o soy el mendigo
que rondaba mi jardín,
al caer la tarde? . . .
        Miro
en torno . . . Hay nubes y viento . . .
El jardín está sombrío . . .
. . . Y voy y vengo . . . ¿Es que yo
no me había ya dormido?
Mi barba está blanca . . . Y todo
es lo mismo y no es lo mismo . . .

CUADRO 9 / CAPRICHOS DEL DESTINO

Primera parte

Actividad 1
(Text pages 323–325)

Listen to the following narrative.

A la deriva

El sol había caído ya, cuando el hombre, semitendido en el fondo de la canoa, tuvo un violento escalofrío. Y de pronto, con asombro, enderezó pesadamente la cabeza: se sentía mejor. La pierna le dolía apenas, la sed disminuía y su pecho, libre ya, se abría en lenta inspiración.

El veneno comenzaba a irse, no había duda. Se hallaba casi bien, y aunque no tenía fuerzas para mover la mano, contaba con la caída del rocío para reponerse del todo. Calculó que antes de tres horas estaría en Tacurú-Pucú.

El bienestar avanzaba, y con él una somnolencia llena de recuerdos. No sentía ya nada ni en la pierna ni en el vientre. ¿Viviría aún su compadre Gaona en Tacurú-Pucú? Acaso vería también a su ex-patrón Míster Dougald y al recibidor del obraje.

¿Llegaría pronto? El cielo, al poniente, se abría ahora en pantalla de oro, y el río se había coloreado también. Desde la costa paraguaya, ya entenebrecida, el monte dejaba caer sobre el río su frescura crepuscular en penetrantes efluvios de azahar y miel silvestre. Una pareja de guacamayos cruzó muy alto y en silencio hacia el Paraguay.

Allá abajo, sobre el río de oro, la canoa derivaba velozmente, girando a ratos sobre sí misma ante el borbollón de un remolino. El hombre que iba en ella se sentía cada vez mejor, y pensaba entretanto en el tiempo justo que había pasado sin ver a su ex-patrón Dougald. ¿Tres años? Tal vez no; no tanto. ¿Dos años y nueve meses? Acaso. ¿Ocho meses y medio? Eso, sí, seguramente.

De pronto sintió que estaba helado hasta el pecho. ¿Qué sería? Y la respiración . . .

Al recibidor de maderas de Míster Dougald, Lorenzo Cubilla, lo había conocido en Puerto Esperanza un Viernes Santo . . . ¿Viernes? Sí, o jueves . . .

El hombre estiró lentamente los dedos de la mano.

—Un jueves . . .

Y cesó de respirar.

Actividad 2

Listen to the narrative again. After the narrative you will hear several statements. Some of them are true; some of them are false. Circle the corresponding letter on your activity sheet.

1. Hacía mucho frío esa tarde. (F)
2. Es claro que el hombre estaba delirando. (V)
3. Se sentía fuerte y activo. (F)
4. El autor dice que avanzaba el bienestar. En realidad, era la muerte que avanzaba. (V)
5. Cuando desapareció el dolor, sintió ganas de dormir. (V)
6. La descripción hermosa del fin del día es análoga a la muerte tranquila del hombre. (V)
7. La turbulencia del agua representa los pensamientos confusos del hombre. (V)
8. De pronto quería comer algo—como helados, por ejemplo. (F)
9. Algunas cosas insignificantes como fechas y nombres le distraían. (V)
10. El pobre sufría mucho en sus últimos momentos de vida. (F)

Actividad 3

Change each sentence according to the model.

Si yo tengo $30.000, compraré un Corvette.
Si yo tuviera $30.000, compraría un Corvette.

1. Si mis padres tienen tiempo, irán a las Bahamas.
   (Si mis padres tuvieran tiempo, irían a las Bahamas.)

2. Si mi hermano puede, jugará al golf en Escocia.
   (Si mi hermano pudiera, jugaría al golf en Escocia.)

3. Si mis hermanitas van a *Disneyland,* se divertirán en los juegos.
   (Si mis hermanitas fueran a *Disneyland,* se divertirían en los juegos.)

4. Si mis tías van a París, verán las nuevas modas de Dior.
   (Si mis tías fueran a París, verían las nuevas modas de Dior.)

5. Si mi madre no tiene que trabajar, pasará más tiempo con la familia.
   (Si mi madre no tuviera que trabajar, pasaría más tiempo con la familia.)

6. Si yo no pierdo tanto tiempo, aprenderé a tocar el piano.
   (Si yo no perdiera tanto tiempo, aprendería a tocar el piano.)

7. Si la economía es mejor, habrá menos tensiones y problemas.
   (Si la economía fuera mejor, habría menos tensiones y problemas.)

8. Si sabes usar el ordenador, encontrarás un buen trabajo.
   (Si supieras usar el ordenador, encontrarías un buen trabajo.)

9. Si no nos preocupamos tanto, seremos más felices.
   (Si no nos preocupáramos tanto, seríamos más felices.)

10. Si yo soy más realista, ¿me divertiré más?
    (Si yo fuera más realista, ¿me divertiría más?)

Actividad 4

Change the following sentences according to the model.

Si puedo, lo haré.
Si pudiera, lo haría.

1. Si tengo tiempo, te llamaré.
   (Si tuviera tiempo, te llamaría.)

2. Si recibo mi cheque, te pagaré.
   (Si recibiera mi cheque, te pagaría.)

3. Si encuentro la cinta cassette, te la prestaré.
   (Si encontrara la cinta cassette, te la prestaría.)

4. Si oigo el rumor, no lo repetiré.
   (Si oyera el rumor, no lo repetiría.)

5. Si vemos al profe, se lo diremos.
   (Si viéramos al profe, se lo diríamos.)

6. Si comemos juntos, podremos charlar.
   (Si comiéramos juntos, podríamos charlar.)

7. Si salimos en seguida, no perderemos el bus.
   (Si saliéramos en seguida, no perderíamos el bus.)

8. Si nos entendemos bien, seremos felices.
   (Si nos entendiéramos bien, seríamos felices.)

9. Si vienen a tiempo, nos sorprenderán.
   (Si vinieran a tiempo, nos sorprenderían.)

10. Si me lo dicen, les estaré agradecido.
    (Si me lo dijeran, les estaría agradecido.)

Actividad 5

Change the sentences according to the model.

Son de España.
Hablan como si fueran de España.

1. Saben bien el idioma.
   (Hablan como si supieran bien el idioma.)

2. Están contentos con los hoteles.
   (Hablan como si estuvieran contentos con los hoteles.)

3. Tienen bastante dinero.
   (Hablan como si tuvieran bastante dinero.)

4. Pueden pagar las tarifas exageradas.
   (Hablan como si pudieran pagar las tarifas exageradas.)

5. Conocen las costumbres de América.
   (Hablan como si conocieran las costumbres de América.)

6. Ven todo con entusiasmo.
   (Hablan como si vieran todo con entusiasmo.)

7. Quieren alquilar un coche.
   (Hablan como si quisieran alquilar un coche.)

8. Vienen aquí en seguida.
   (Hablan como si vinieran aquí en seguida.)

9. Se dan cuenta de los problemas de tráfico.
   (Hablan como si se dieran cuenta de los problemas de tráfico.)

10. Nos traen un regalo de España.
    (Hablan como si nos trajeran un regalo de España.)

Actividad 6

Combine the following pairs of sentences using *como si*.

Juan habla español. Parece que es mexicano.
Juan habla español como si fuera mexicano.

1. La niña corre. Parece que quiere escapar.
   (La niña corre como si quisiera escapar.)

2. El joven se cae. Parece que está muerto.
   (El joven se cae como si estuviera muerto.)

3. Esos señores gastan el dinero. Parece que son riquísimos.
   (Esos señores gastan el dinero como si fueran riquísimos.)

4. Los pasajeros empujan. Parece que no hay suficientes asientos.
   (Los pasajeros empujan como si no hubieran suficientes asientos.)

5. El perro busca comida. Parece que no ha comido.
   (El perro busca comida como si no hubiera comido.)

6. La mujer llora. Parece que sufre mucho.
   (La mujer llora como si sufriera mucho.)

7. El cielo está nublado. Parece que va a llover.
   (El cielo está nublado como si fuera a llover.)

8. La Chona se calla. Parece que quiere llorar.
   (La Chona se calla como si quisiera llorar.)

Actividad 7

Listen to the following newspaper article that describes an unusual occurrence involving a manta ray.

Tallahassee, Florida
5 de julio

Hoy se comenta mucho un acontecimiento inaudito que tuvo lugar el sábado pasado en las aguas cálidas del Golfo de México. Rick Carlo y su hijo de cinco años pescaban con un amigo llamado Bill Pitrow. ¡Cuál no fue la sorpresa de Rick al ver una raya gigantesca dar un salto repentino y entrar dentro de su lancha! El monstruo cayó precisamente encima del chico, imposibilitándole el movimiento. Después de luchar frenéticamente durante un buen rato, los dos hombres lograron levantar y devolver al mar el pez enorme, cuyas aletas medían 3 metros de ancho—casi la misma anchura de la lancha. Librados del animalucho, descubrieron que el niño sufría de heridas a la cabeza. Partieron en seguida a toda velocidad y en pocos minutos alcanzaron otra lancha con motor más potente, la cual los llevó al muelle más cercano. Desde allí un helicóptero de emergencia trasladó al niño a un hospital donde recibió atención médica.

Felizmente, hoy el pescadorcito descansa tranquilamente. Posiblemente su única preocupación es que, debido a las circunstancias insólitas, no vaya a poder describir a sus amiguitos el tamaño extraordinario del pez que se le escapó porque apenas lo vio. Además, ¿quién creerá tal relato de un pescador?

Actividad 8

Listen to the newspaper article again. After the article you will hear several questions. Each is followed by three possible answers. Circle the letter of the correct answer on your activity sheet.

1. ¿De qué suceso se habla mucho? (b)
   a. de no poder oír
   b. de un incidente muy fuera de lo común
   c. de las aguas cálidas del Golfo
2. ¿Qué hacían los protagonistas del artículo? (c)
   a. Evitaban los rayos del sol.
   b. Conversaban con amigos.
   c. Pescaban en una lancha.
3. ¿Qué sorpresa tuvieron los pescadores? (a)
   a. Un animal grandísimo salió del agua.
   b. Se metieron al mar.
   c. Levantaron los peces del agua.
4. ¿Cómo le afectó al niño ese suceso inaudito? (a)
   a. La raya cayó sobre él incapacitándole.
   b. Rayó la lancha.
   c. Pegó fuerte al padre.

5. ¿Por qué fue difícil ayudar al chico? (b)
   a. Tenían miedo de hacerle daño.
   b. La raya era muy grande y pesada.
   c. Querían conservarla como trofeo.
6. ¿Cuánto medía la raya de aleta a aleta? (c)
   a. dos hombres y un niño
   b. dos metros
   c. tres metros
7. Después de tirar la raya al agua, ¿qué descubrieron? (c)
   a. El niño había caído al agua.
   b. El niño tenía alas.
   c. El niño estaba herido.
8. ¿Qué decidieron hacer? (b)
   a. seguir pescando
   b. regresar a tierra
   c. darle primeros auxilios
9. ¿Cómo llegó el chico al hospital? (b)
   a. en la lancha
   b. en un helicóptero
   c. en una ambulancia
10. ¿Por qué le será difícil al niño describir la raya? (b)
   a. Descansa tranquilamente.
   b. Apenas la vio.
   c. Tiene que relatarlo en helicóptero.

Segunda parte

Actividad 1
(Text page 333)

Listen to the following narrative.

La cita

Seguía lloviendo. La Chona caminaba entre el pinar bamboleándose sobre el suelo resbaladizo y empapado. De vez en cuando deteníase bajo la lluvia, y abrazada de un pino tomaba aliento para seguir adelante.

Habría caminado unas dos horas, cuando la cabaña apareció de pronto en un claro de la sierra.

—¿Vive aquí un señor que se llama Anselmo Hernández?—preguntó al viejo que le abrió la puerta.

—Sí, aquí vive. Es mi hijo.

La pobre se cortó tanto, que estuvo a punto de echarse a llorar.

—Dígale que aquí está Chona . . . él me mandó una carta.

El viejo la condujo a la cama de un enfermo. Anselmo estaba grave.

—Recibí una carta—dijo ella.

—Sí, te mandé decir que te esperaba en la estación, estaba bueno y sano, pero me agarró la enfermedá.

La Chona pasó la noche acurrucada en la cocina. En la madrugada la despertó el viejo, que deseaba un poco de café.

—Me voy al pueblo—le dijo—, voy a trai al padrecito.

El padre de Anselmo volvió pronto con el cura.

Después de haber recibido los auxilios, el enfermo pidió que lo casaran con la Chona, y así, en la soledad de la sierra, en una ceremonia triste y oscura, la solterona se convirtió en esposa. La tarde de ese mismo día quedó viuda.

Mientras avanzaba por el pinar, de vuelta a la estación, la Chona lloraba amargamente. ¿Quién la creería en su rancho, cuando dijera que se había casado?

Actividad 2

Listen to the narrative again. After the narrative you will hear several questions. Each will be followed by three possible answers. Circle the letter of the correct answer on your activity sheet.

1. ¿Qué tiempo hacía? (b)
    a. Hacía frío.
    b. Llovía.
    c. Hacía calor.
2. ¿Por qué tuvo que caminar con cuidado? (a)
    a. La tierra estaba muy mojada.
    b. El pinar estaba lleno de bambú.
    c. La Chona seguía llorando.
3. ¿Qué vio la mujer cansada después de haber caminado dos o tres horas? (a)
    a. La cabaña que buscaba.
    b. Un pino que abrazó.
    c. La sierra muy distante.
4. ¿Quién le abrió la puerta? (c)
    a. El hombre con quien iba a casarse.
    b. Alguna pobre que lloraba y sollozaba.
    c. El padre del comprometido.
5. ¿Por qué se puso triste al entrar en la cabaña? (b)
    a. La casa estaba mal atendida.
    b. El novio estaba muy enfermo.
    c. El novio escribía una carta en la cama.
6. Al verlo, ¿cómo reaccionó la Chona? (c)
    a. Le devolvió la carta que él le había mandado.
    b. Se enojó porque no la esperaba en la estación.
    c. Habló muy poco.
7. ¿Qué quiere decir «pasó la noche acurrucada»? (a)
    a. Pasó la noche sin acostarse.
    b. Pasó la noche cómodamente.
    c. Durmió profundamente.
8. ¿Por qué fue el viejo al pueblo? (c)
    a. Se les acabó el café.
    b. Quería que alguien curara al hijo.
    c. Reconoció la necesidad de llamar al cura.
9. ¿Por qué fue el cura a ver a Anselmo? (c)
    a. Para casar a los novios.
    b. Para llevar atención médica al enfermo.
    c. Para darle los últimos auxilios.
10. ¿Cuál es la verdadera razón de la tristeza de la Chona? (b)
    a. No quería caminar a la estación.
    b. Nadie creería que se había casado.
    c. Lamentaba separarse del marido.

Actividad 3
(Text page 343)

Listen to the following sentences and restate each, beginning with *Ojalá que no.*

Melodía tenía hambre.
Ojalá que Melodía no tuviera hambre.

1. Los pobres vivían en el caño miserable.
    (Ojalá que los pobres no vivieran en el caño miserable.)

2. El niño gateaba hacia la única puerta del domicilio.
    (Ojalá que el niño no gateara hacia la única puerta del domicilio.)

3. Melodía salía del cuarto sin ser atendido.
    (Ojalá que Melodía no saliera del cuarto sin ser atendido.)

4. El negrito se acercaba al borde del porche.
    (Ojalá que el negrito no se acercara al borde del porche.)

5. El bebito miraba la cara de su amiguito en el agua.
    (Ojalá que el bebito no mirara la cara de su amiguito en el agua.)

6. Melodía hacía así con la manita.
    (Ojalá que Melodía no hiciera así con la manita.)

7. Él podía ver la sonrisa del otro allá.
    (Ojalá que él no pudiera ver la sonrisa del otro allá.)

8. Melodía quería darle un beso.
    (Ojalá que Melodía no quisiera darle un beso.)

9. El hombre salía de la casa.
    (Ojalá que el hombre no saliera de la casa.)

10. Las familias eran menospreciadas.
    (Ojalá que las familias no fueran menospreciadas.)

Actividad 4

Look at the visual cues on your activity sheet. For each group of illustrations, you will hear three statements. Only one of them describes the situation in the drawings. Choose the appropriate sentence and circle the corresponding letter on your activity sheet.

1. a. Carmen está menos contenta que José Luis.
    b. Mario está más contento que Carmen.
    c. José Luis está tan contento como Carmen.
    (c)

2. a. La casa de mis abuelos es más pequeña que la casa de mis tíos.
    b. Nuestra casa es tan grande como la casa de mis abuelos.
    c. La casa de mis tíos es tan grande como la casa de mis abuelos.
    (b)

3. a. Mi familia es más unida que tu familia.
    b. Tu familia es tan unida como mi familia.
    c. Mi familia es menos unida que tu familia.
    (a)

4. a. El coche de Mario es tan rápido como mi coche.
    b. El coche de Mario es menos rápido que mi coche.
    c. Mi coche es el menos rápido de los tres.
    (c)

5. a. Pepe es más alto que la Sra. Luna.
    b. El Sr. Paz es el más alto de los tres.
    c. La Sra. Luna es la más alta de los tres.
    (c)

Actividad 5

Listen to the following sentences. Change each sentence to the negative. Be sure to make all necessary changes.

Vi a tu prima en alguna parte ayer.
No vi a tu prima en ninguna parte ayer.

1. Siempre juega al tenis los lunes o los martes.
    (Nunca juega al tenis ni los lunes ni los martes.)

2. Dijo que va siempre al club o los martes o los jueves.
    (Dijo que no va nunca al club ni los martes ni los jueves.)

3. Tiene algo que ver con el torneo.
    (No tiene nada que ver con el torneo.)

4. Alguien le dijo que venía el alcalde.
    (Nadie le dijo que venía el alcalde.)

5. Alguna chica mencionó algo de los premios también.
    (Ninguna chica mencionó nada de los premios tampoco.)

6. Se presentan siempre a los participantes antes del match.
    (No se presentan nunca a los participantes antes del match.)

7. Algún jugador llegó con raquetas nuevas.
    (Ningún jugador llegó sin raquetas nuevas.)

8. Algunos espectadores vienen tarde al partido.
    (Ningún espectador viene tarde al partido.)

9. Siempre me gusta ver una competencia animada.
    (Nunca me gusta ver una competencia animada.)

10. A todos les van a dar algún premio.
    (A nadie le van a dar ningún premio.)

Actividad 6

Listen to the following narrative.

Ironía pirotécnica

Austin, Texas
5 de julio

Unos padres que comparten con sus hijos gran entusiasmo por los fuegos artificiales, regalaron a los chicos de 11 y 13 años de edad una buena cantidad de cohetes para celebrar la fiesta nacional. Los dos hermanos optaron por aprovechar la altura del techo de la casa para hacer más visible la hermosura de las explosiones. Así, subieron los cohetes a la parte más alta del domicilio. Poco después bajaron a comer y se les olvidaron los cohetes, candiles romanos, etc. Sin pensar, los dejaron allí expuestos al calor intenso de la tarde.

Esa noche fueron invitados a contemplar la exhibición de fuegos artificiales presentada anualmente al público, cortesía del ayuntamiento. Allá fueron, alegres y olvidadizos de los cohetes suyos. Debido a la concentración del calor del verano, espontáneamente comenzaron a estallar, desplegando luces multicolores sobre la ciudad en formas encantadoras y jadeantes. ¿Cuál era más espectacular? Miles de cabezas giraban en distintas direcciones para no perder ningún detalle. ¿De dónde vendría la segunda serie de explosiones? ¡Qué misterio! ¡Qué hermosura!

Los padres supieron en seguida al llegar a casa. Allí se encontraban los bomberos terminando de extinguir el fuego que afortunadamente se había limitado al techo.

Es propio anunciar que para el año entrante el público gozará de solamente una exposición de fuegos artificiales.

Actividad 7

Listen to the narrative again. After the narrative you will hear several statements. Some of them are true; some of them are false. Circle the corresponding letter on your activity sheet.

1. En muchas partes es costumbre terminar las fiestas patrióticas con fuegos artificiales. (V)
2. Algunas familias se divierten en casa reventando cohetes. (V)
3. Es necesario hacerlos explotar en un sitio seguro y bien atendido. (V)
4. A los chicos se les ocurrió no molestar a los vecinos. (F)
5. Los chicos determinaron esconder los cohetes de sus padres. (F)
6. Los oficiales elegidos contribuyen a la celebración en forma singular. (V)
7. Durante el programa los cohetes se encendieron sin ayuda de nadie. (V)
8. Produjeron un espectáculo que competía con el presentado al público. (V)
9. En toda la confusión muchos se perdieron esa noche. (F)
10. Los padres no serán tan generosos ni tan complacientes en el futuro. (V)

CUADRO 10 / LA MUJER

Primera parte

Actividad 1

Listen to the following narrative.

Hacia la independencia

El peso de la educación

A la mujer se la educa en nuestra sociedad diciéndole desde niña que ella es muy diferente a los hombres; que debe sentarse de tal forma, que tiene que jugar con muñecas y no con autitos . . . que debe ser femenina. Sin embargo, al ingreso de la educación formal y aún más, en la educación superior o universitaria, se le prepara directamente para ser igual que los hombres, para competir con ellos en forma responsable e independiente. Es entonces cuando se siente igual que ellos, desarrollando su inteligencia e iniciativa y compartiendo muchas veces inquietudes políticas y sociales.

Curiosamente es en ese momento también cuando el sistema espera que la niña «se enamore» de un posible marido, y que renuncie gustosamente a todo aquello que pueda haberle fascinado hasta entonces y que rápidamente se sienta realizada cuidando una guagua, un marido y un hogar.

Con todo lo anterior se puede concluir que este sistema educacional dista mucho de ayudar a la mujer a encontrar su identidad personal.

¿Qué dicen las mujeres al respecto?

—A mí, mi educación escolar no me ayudó en nada en la búsqueda de mi identidad, teníamos que ser todas iguales: «como se debía ser».

—En el fondo nos educaron para casarnos y tener hijos; pero existe la posibilidad de integrar este rol de la casa con otro fuera de ella, sin desconocer que muchas veces se logra gracias a condiciones externas favorables.

—Estoy de acuerdo en que recibimos educación contradictoria: en una etapa se nos hizo saber que debíamos ser completamente distintas a los hombres; luego se nos dio la posibilidad de demostrar que en algunos planos éramos parecidas; más tarde se nos volvió a recalcar que teníamos un rol determinado: que lo importante en nuestras vidas era la casa, el marido y los hijos. Por último creo que hay otra etapa más, cuando se van los hijos de la casa, ahí tenemos que buscar nuevamente «un trabajo interesante».

—Pienso que a pesar de la educación contradictoria que hemos recibido, uno puede ser independiente en cada una de las etapas que vive como mujer.

Actividad 2

Listen to the narrative again. After the narrative you will hear a series of statements. Some of them are true; some of them are false. Circle the corresponding letter on your activity sheet.

1. Según el artículo, educan a las niñitas de la misma manera que a los niños. (F)
2. Hasta les dan lecciones a las mujercitas de cómo deben sentarse. (V)
3. Insisten en que las niñas jueguen con muñecas y que se porten como damitas. (V)
4. Al comenzar la educación superior o universitaria, las mujeres tienen que competir igualmente con los hombres. (V)

5. Para las mujeres eso es difícil, porque se les ha inculcado que el hombre es superior. (F)
6. Durante los años universitarios, las mujeres participan igualmente en los movimientos políticos y sociales. (V)
7. Ya cuando la mujer va adquiriendo su identidad personal, la sociedad espera que comience a pensar en el matrimonio, el hogar y la familia. (V)
8. Fue una hipocresía fingir que educaban a los dos sexos a ser iguales y poder convivir felizmente y competir en el trabajo. (V)
9. Las mujeres rechazan la idea de que pueden ocupar los dos roles separados y distintos. (F).
10. Otra etapa estimulante espera a las mujeres cuando los hijos abandonen el hogar. (V)

Actividad 3

Combine the following pairs of sentences using the relative pronoun *que*. (The sentences also appear on the activity sheet.)

*Ésta es la foto de la autora. Ella escribió **Yo, tu madre.***
*Ésta es la foto de la autora que escribió **Yo, tu madre.***

1. Aquí viene una señora. Fue educada para ser ama de casa.
   (Aquí viene una señora que fue educada para ser ama de casa.)

2. ¿Conoces a esa pobre mujer? Le tiene que pedir todo a su marido.
   (¿Conoces a esa pobre mujer que le tiene que pedir todo a su marido?)

3. Estoy orgulloso de mi hermana. Se ha liberado y puede tomar decisiones propias.
   (Estoy orgulloso de mi hermana, que se ha liberado y puede tomar decisiones propias.)

4. Ayer vi a tu tía. Recibió una educación adecuada para enfrentarse a los problemas actuales.
   (Ayer vi a tu tía, que recibió una educación adecuada para enfrentarse a los problemas actuales.)

5. Admiro a la mujer moderna. Busca su identidad para ser igual a todos.
   (Admiro a la mujer moderna que busca su identidad para ser igual a todos.)

6. He hablado con una triste mujer. Se siente defraudada por la sociedad de hoy.
   (He hablado con una triste mujer que se siente defraudada por la sociedad de hoy.)

7. Me ha escrito una prima mía. Ha logrado obtener su independencia.
   (Me ha escrito una prima mía que ha logrado obtener su independencia.)

8. Escucho a las «nuevas madres». Reconocen la necesidad de educar mejor a los hombres.
   (Escucho a las «nuevas madres» que reconocen la necesidad de educar mejor a los hombres.)

9. Es interesante saber. La mujer puede votar y trabajar fuera de casa.
   (Es interesante saber que la mujer puede votar y trabajar fuera de casa.)

10. Respeto a la mujer. Se ha preparado bien para encontrar el éxito y la felicidad.
    (Respeto a la mujer que se ha preparado bien para encontrar el éxito y la felicidad.)

Actividad 4

Combine each pair of sentences using a preposition and the correct form of the relative pronoun *quien*. (The sentences also appear on the activity sheet.)

Hablo de la autora. Es francesa.
La autora de quien hablo es francesa.

1. Los franceses son de Niza. Yo salgo con ellos.
   (Los franceses con quienes salgo son de Niza.)

2. El señor comparte las mismas ideas con su mujer. Trabajo con él.
   (El señor con quien trabajo comparte las mismas ideas con su mujer.)

3. Muchas «carrozas» critican el movimiento. Los jóvenes se ríen de ellas.
   (Muchas «carrozas» de quienes los jóvenes se ríen critican el movimiento.)

4. Conocí a unas chicas que quieren ser independientes. Caminé con ellas un rato.
   (Conocí a unas chicas, con quienes caminé un rato, que quieren ser independientes.)

5. ¿Son aquéllas las señoras? Mandaste los libros a ellas.
   (¿Son aquéllas las señoras a quienes mandaste los libros?)

6. Las mujeres se sienten humilladas pidiendo dinero a sus maridos. Entrevisté a ellas.
   (Las mujeres a quienes entrevisté se sienten humilladas pidiendo dinero a sus maridos.)

7. La señora es considerada, justa, leal y jovial. Trabajo con ella.
   (La señora con quien trabajo es considerada, justa, leal y jovial.)

8. No dirán—Allá van las mujeres. Les quitaron sus derechos a ellas.
   (No dirán—Allá van las mujeres a quienes les quitaron sus derechos.)

9. La igualdad está al alcance. Es para las que trabajan por ella.
   (La igualdad está al alcance para quienes trabajan por ella.)

Actividad 5

Listen to the following narrative. (Note: In this excerpt from a play written in 1918, a young woman expresses—in surprisingly modern terms—her frustrations with the inequalities between the sexes and describes her aspirations.)

«Sueño de una noche de agosto» de Gregorio Martínez Sierra

¿Te has fijado en una cosa, abuela, . . . en lo rápido que echan a andar los hombres por la calle, cuando salen de casa? . . . En cambio las mujeres salimos del portal muy despacio, y antes de echar a andar, mientras nos abrochamos el último botón de los guantes, miramos calle arriba y calle abajo, como temiendo que alguien nos detenga. Parece que ellos salen por derecho propio, y que nosotras nos fugamos de presidio . . . acabo de cumplir veintitrés años; soy mayor de edad; la ley me concede el uso pleno de no sé cuántos derechos civiles; puedo vender, comprar, emprender un negocio, tirar mi corta herencia por la ventana, marcharme a América, meterme en el teatro . . . en vista de lo cual desearía tener un llavín, lo mismo que cualquiera de mis hermanos, y usarlo para entrar y salir libremente como ellos, sin darle cuenta a nadie, a cualquier hora del día y de la noche . . . Pero, ¿dónde voy a ir? ¿Dónde va a estas horas una mujer sola y decente sin temor a que crean que no lo es? (Siempre el ¿qué dirán? Sí, ¿qué dirán las vecinas?) ¡El temor! ¡El temor! ¡Eso es lo que nos pierde! . . . (A mis hermanos) No les envidio la libertad de pecar, ni la de divertirse, ni siquiera salir por el mundo en busca de su propio amor, mientras nosotras nos tenemos que quedar esperando ¡sentadas! hasta que el amor venga a buscarnos . . . (Y, ¿ellos?) les envidio la fe, la confianza que tienen en sí mismos, la seguridad de vencer el destino por sus propias fuerzas . . . Ya les oyes. «Trabajaré . . . ganaré . . . lucharé . . . triunfaré . . . » ¿Y yo? «Pues, niña, te casarás, naturalmente.» . . . ¿Y si no me caso? Lo que quiero oír es «¡Ahí va Rosario Castellanos!» . . . ¡Ella . . . ella misma, fea o bonita, tonta o discreta, triunfante o derrotada, pero orgullosa de su propia vida y no de los laureles de ningún hombre!

Actividad 6

Listen to the narrative again. After the narrative you will hear several questions. Each is followed by three possible answers. Circle the letter of the correct answer on your activity sheet.

1. Según Rosario, ¿cómo se portan los hombres al salir de casa? (a)
   a. Se van rápidos y confiados.
   b. Se detienen en la calle inseguros, como si salieran de la prisión.
   c. Parecen indiferentes y distraídos.
2. En cambio, ¿qué hacen las mujeres al salir de casa? (c)
   a. Siempre van a la derecha.
   b. Muestran impaciencia o, a veces, indiferencia.
   c. Salen despacio y quizás, algo temerosas.
3. ¿Qué edad tiene Rosario? (a)
   a. Acaba de cumplir 23 años.
   b. Pronto será mayor de edad.
   c. No quiere revelar cuántos años tiene.
4. ¿Qué protección tiene ella? (b)
   a. Nadie puede gastar mal el dinero recibido de sus padres.
   b. La ley le garantiza muchos derechos civiles.
   c. Sus hermanos serán responsables por ella.
5. ¿Qué es lo que desea poseer Rosario que sería un símbolo de su independencia? (c)
   a. entradas al teatro
   b. un negocio en América
   c. una llave a la puerta principal
6. ¿Por qué no es fácil que ella salga a solas a cualquier hora? (b)
   a. No quiere pedir permiso a nadie para salir.
   b. Tiene miedo de los chismes.
   c. No quiere perderse en las calles.
7. Según ella, ¿qué es una injusticia? (b)
   a. Los hombres pueden salir en busca del amor.
   b. Las mujeres tienen que esperar que el amor las busque.
   c. Ella no tiene derecho de enamorarse.
8. ¿Qué resiente Rosario? (a)
   a. La sociedad ampara en forma desigual a los hombres.
   b. No tiene dónde sentarse.
   c. Los hermanos son envidiosos y desinteresados.
9. ¿Qué destino esperaba a las mujeres de aquellos tiempos? (c)
   a. Tenían que trabajar para ganarse la vida.
   b. Los hermanos cuidaban a las solteras.
   c. Se casaban y se quedaban en casa.
10. ¿Qué desea realizar esta señorita? (c)
    a. salir con Rosario Castellanos
    b. triunfar sobre los demás
    c. sentirse orgullosa de lo que hace ella misma

Segunda parte

Actividad 1

Listen to the following narrative.

Las «nuevas» madres

Desde hace algunos años se habla de mujeres «nuevas», luego de hombres «nuevos», de «nuevo» romanticismo y de la «nueva» derecha. Sería hora de añadir a las «nuevas madres» en la lista de mutantes.

Para restablecer la comunicación entre vuestra generación y la nuestra deberíais empezar por revisar la falsa imagen que tenéis de nosotros. Una imagen que os viene al pelo, pero que a nosotras ya no nos interesa.

Hemos dejado de parecernos a las «verdaderas mamás» de vuestros primeros libros escolares. Ya no significáis—en el supuesto de que fuera así alguna vez—nuestra ÚNICA razón de ser. Nos hemos ocupado mucho, enormemente, de vosotros, pero hemos intentado preservar una gran parcela de nuestra vida, completamente independiente de nuestro papel de madre. Cuanto más crecíais en edad, más fácil nos resultó ocuparnos un poco más de nosotras, un poco menos de vosotros. Al menos, esto era lo que esperábamos. Esta sed de libertad explica nuestro agotamiento frente a vuestras exigencias y a vuestra dependencia. Nos esperan mil cosas apasionantes que hacer, al margen de vosotros.

La famosa división del mundo femenino en dos estratos distintos—por un lado, las madres hogareñas, y por el otro, las madres que trabajan fuera de casa—, ya no desempeña un papel muy importante a la edad que tenéis. Nos hallamos todas unidas por nuestro deseo de libertad, conscientes de tener que vivir aún 20 años, al menos, de la auténtica, la gran Liberación: no sólo la de la mujer, sino la de la madre.

En la vida hay un tiempo para cada cosa. El tiempo que nos queda por vivir, ahora que sois jóvenes, mientras que nosotras no somos aún viejas, queremos disfrutarlo. Con vosotros, pero no únicamente para vosotros.

Actividad 2

Listen to the narrative again. After the narrative you will hear several statements. Some of them are true; some of them are false. Circle the corresponding letter on your activity sheet.

1. Es muy común y corriente emplear el adjetivo «nuevo» para refirirse a algo más moderno o bastante avanzado. (V)
2. Las dos generaciones no pueden comunicarse hasta que los jóvenes cambien la imagen incorrecta de la generación mayor. (V)
3. Cuando los de la generación joven eran niños, las madres vivían exclusivamente para ellos. (F)
4. Aunque las madres dedicaban mucho tiempo y muchas atenciones a sus hijos, siempre conservaban gran parte de su vida y personalidad para sí mismas. (V)
5. Más tarde, cuando los hijos necesitaban más atenciones, las madres eran comprensivas y aumentaron su dedicación. (V)
6. Ahora las madres están fatigadas y tienen sed de libertad. (F)
7. Con los hijos crecidos se ven obligadas a seguir ocupándose de los hijos. (F)
8. Quieren buscar nuevos intereses y reestructurar su vida. (V)
9. Dicen que la liberación les llega tarde para poder aprovechar de ella. (F)
10. Los jóvenes ya deben dedicarse a las «nuevas madres». (F)

Actividad 3

Change the following sentences according to the model. (The sentences also appear on the activity sheet.)

El marido ayuda con los quehaceres domésticos. (extrañarme)
El marido ayuda con los quehaceres domésticos, lo que me extraña.

1. El marido ayuda con los quehaceres domésticos. (ahorrar dinero)
   (El marido ayuda con los quehaceres domésticos, lo que ahorra dinero.)

2. El marido ayuda con los quehaceres domésticos. (darle más tiempo a su mujer)
   (El marido ayuda con los quehaceres domésticos, lo que le da más tiempo a su mujer.)

3. El marido ayuda con los quehaceres domésticos. (mejorar las relaciones entre ellos)
   (El marido ayuda con los quehaceres domésticos, lo que mejora las relaciones entre ellos.)

4. El padre lee cuentos a los niños. (agradecerle)
   (El padre lee cuentos a los niños, lo que le agradecen.)

5. El padre lee cuentos a los niños. (gustarles)
   (El padre lee cuentos a los niños, lo que les gusta.)

6. El padre lee cuentos a los niños. (sorprender a los abuelos)
   (El padre lee cuentos a los niños, lo que sorprende a los abuelos.)

7. Los hijos no ayudan en casa. (hacer más duro el trabajo de la madre)
   (Los hijos no ayudan en casa, lo que hace más duro el trabajo de la madre.)

8. Los hijos no ayudan en casa. (enojarle a la madre)
   (Los hijos no ayudan en casa, lo que le enoja a la madre.)

9. Los hijos no ayudan en casa. (mostrar su falta de consideración)
   (Los hijos no ayudan en casa, lo que muestra su falta de consideración.)

Actividad 4
(Text page 376)

Listen to the following questions, each followed by an adjective or a pair of adjectives. Answer the question, changing each adjective to an adverb.

¿Cómo se expresó el autor? (brillante)
El autor se expresó brillantemente.
¿Cómo se expresó el autor? (claro)
El autor se expresó claramente.
¿Cómo se expresó el autor? (brillante / claro)
El autor se expresó brillante y claramente.

1. ¿Cómo se expresó el autor? (inteligente)
   (El autor se expresó inteligentemente.)

2. ¿Cómo se expresó el autor? (detallado)
   (El autor se expresó detalladamente.)

3. ¿Cómo se expresó el autor? (inteligente / detallado)
   (El autor se expresó inteligente y detalladamente.)

4. ¿Cómo hizo el obrero su trabajo? (fácil)
   (El obrero hizo su trabajo fácilmente.)

5. ¿Cómo hizo el obrero su trabajo? (hábil)
   (El obrero hizo su trabajo hábilmente.)

6. ¿Cómo hizo el obrero su trabajo? (fácil / hábil)
   (El obrero hizo su trabajo fácil y hábilmente.)

7. ¿Cómo cantó Plácido Domingo? (natural)
   (Plácido Domingo cantó naturalmente.)

8. ¿Cómo cantó Plácido Domingo? (magnífico)
   (Plácido Domingo cantó magníficamente.)

9. ¿Cómo cantó Plácido Domingo? (natural / magnífico)
   (Plácido Domingo cantó natural y magníficamente.)

10. ¿Cómo cantó Plácido Domingo? (característico)
    (Plácido Domingo cantó característicamente.)

11. ¿Cómo cantó Plácido Domingo? (extraordinario)
    (Plácido Domingo cantó extraordinariamente.)

12. ¿Cómo cantó Plácido Domingo? (característico / extraordinario)
    (Plácido Domingo cantó característica y extraordinariamente.)

Actividad 5
(Text page 377)

Change the following sentences according to the model.

Habló claramente.
Habló con claridad.

1. Se saludaron cortésmente.
   (Se saludaron con cortesía.)

2. Hablaron alegremente.
   (Hablaron con alegría.)

3. Corrió rápidamente.
   (Corrió con rapidez.)

4. Actuaron seguramente.
   (Actuaron con seguridad.)

5. Los miró curiosamente.
   (Los miró con curiosidad.)

6. Cantó tristemente.
   (Cantó con tristeza.)

7. Sonrieron orgullosamente.
   (Sonrieron con orgullo.)

8. Durmió tranquilamente.
   (Durmió con tranquilidad.)

9. Protestó violentamente.
   (Protestó con violencia.)

10. Celebran la fiesta frecuentemente.
    (Celebran la fiesta con frecuencia.)

Actividad 6

Listen to the narrative. (Note: In this excerpt from a contemporary novel, María Luisa and Elena discuss generational changes.)

Rupturas de Lidia Falcón

—Hay generaciones que llevan sobre sí el peso de las otras dos. La que la precede y la que la sigue. La nuestra, por ejemplo. Mi madre siempre repetía que ella había tenido que cuidar a sus padres ancianos primero y a nosotros, los hijos, después ... cuando estuvo enferma me esclavizó en justa retribución, como pensaba ella, a los servicios que me había ofrecido antes. Hoy sería absolutamente imposible exigirles a nuestros hijos que nos cuiden cuando seamos viejas. Porque los hemos educado a ser señoritos; de modo que, como tardarán mucho en poder ganarse la vida, nunca se encontrarán en condiciones de ayudarnos. Sí, Elena, somos las madres de la generación «bocadillo» ... Cargamos con el fracaso de nuestros padres que sufrieron la guerra civil, sufrimos todas las penalidades de la posguerra, fuimos educadas en la obediencia, en la sumisión a los mayores, al marido, y ahora con la incapacidad de nuestros hijos ... o más bien, con el egoísmo, porque cuando quieren algo, saben conseguirlo perfectamente ...

—Bueno, la verdad es que tampoco podemos envidiar la vida de nuestras madres ... Pero lo que yo quería decir antes es que, aunque vivieron frustradas, encerradas en casa y despreciadas por el marido, tuvieron a la vejez, la compensación del respeto y del cariño de nosotros los hijos, los que por educación o por represión o por convencimiento ... bueno, no sé por qué, pero así era, las quisimos, las obedecimos y las mantuvimos, porque ellas no hubieran podido sobrevivir solas. Mientras que nosotras ... no sé, siento el escalofrío de pensar que a nosotras los hijos nos abandonarán o nos explotarán ... y eso, después de haber cumplido como buenas hijas con nuestros padres, como se hacía antes ...

Actividad 7

Listen to the narrative again. After the narrative you will hear several statements. Some of them are true; some of them are false. Circle the corresponding letter on your activity sheet.

1. María Luisa expresa que ha tenido que cuidar a familiares de dos generaciones. (V)
2. La madre de María Luisa siempre decía que tenía que cuidar a sus padres ancianos en sus últimos años. (V)
3. María Luisa se cansó de oír esa historia, pero comprendió que su madre esperaba las mismas atenciones cuando se pusiera enferma. (V)
4. Y sigue que María Luisa confía que sus hijos la van a cuidar cuando ella sea vieja. (F)
5. Esta generación pone sus esperanzas en un nivel de vida mucho más alto que las otras, por eso tardan en terminar sus estudios y ponerse a trabajar. (V)
6. Pero con el tiempo los hijos tendrán buenas colocaciones con sueldos elevados. Entonces cuidarán a sus padres enfermos. (F)
7. Los padres de esta generación educan a los hijos a ser obedientes y sumisos. (F)
8. Los chicos son egoístas, pero bastante astutos. Cuando quieren algo, saben conseguirlo. (V)
9. Aunque las mujeres casadas antes de la guerra civil llevaban una vida muy dura y en muchísimos casos, muy infeliz, sabían que contaban con el respeto y cariño de los hijos. (V)
10. María Luisa es optimista en cuanto a la fidelidad de sus hijos. (F)

Listen to the poem.

"Redondillas" de Sor Juana Inés de la Cruz

Hombres necios que acusáis
a la mujer sin razón
sin ver que sois la ocasión
de lo mismo que culpáis:

si con ansia sin igual
solicitáis su desdén,
¿por qué queréis que obren bien
si las incitáis al mal?

Combatís su resistencia
y luego, con gravedad,
decís que fue liviandad
lo que hizo la diligencia.

Parecer quiere el denuedo
de vuestro parecer loco,
al niño que pone el coco
y luego le tiene miedo.

Queréis con presunción necia
hallar a la que buscáis,
para pretendida, Thais,
y en la posesión, Lucrecia.

¿Qué humor puede ser más raro
que el que, falto consejo,
él mismo empaña el espejo
y siente que no esté claro?

Con el favor y el desdén
tenéis condición igual,
quejándoos, si os tratan mal,
burlándoos, si os quieren bien.

Opinión ninguna gana;
pues la que más se recata,
si no os admite, es ingrata,
y si os admite, es liviana.

Siempre tan necios andáis
que con desigual nivel,
a una culpáis por cruel
y a otra por fácil culpáis.

¿Pues cómo ha de estar templada
la que vuestro amor pretende,
si la que es ingrata ofende,
y la que es fácil enfada?

Mas entre el enfado y pena
que vuestro gusto refiere,
bien haya la que no os quiere,
y quejáos enhorabuena.

Dan vuestras amantes penas
a sus libertades alas,
y después de hacerlas malas
las queréis hallar muy buenas.

¿Cuál mayor culpa ha tenido
en una pasión errada:
la que cae de rogada,
o el que ruega de caído?

¿O cual es más de culpar,
aunque cualquiera mal haga,
la que peca por la paga,
o el que paga por pecar?

¿Pues para qué os espantáis
de la culpa que tenéis?
Queredlas cual las hacéis,
o hacedlas cual las buscáis.

Dejad de solicitar,
y después, con más razón,
acusaréis la afición
de la que os fuere a rogar.

Bien con muchas armas fundo
que lidia vuestra arrogancia,
pues en promesa e instancia
juntáis diablo, carne y mundo.